三十六计

佚名 / 著

赵中媛 / 译注

江西人民出版社

Jiangxi People's Publishing House

全国百佳出版社

图书在版编目（CIP）数据

三十六计 / 赵中媛译注. --南昌：江西人民出版社，

2016.11（2019.3 重印）

ISBN 978-7-210-08776-2

Ⅰ. ①三… Ⅱ. ①赵… Ⅲ. ①兵法－中国－古代②《三十六计》

－注释③《三十六计》－译文 Ⅳ.①E892.2

中国版本图书馆CIP数据核字（2016）第216549号

三十六计

佚　名 / 著　　赵中媛 / 译注

责任编辑 / 冯雪松

出版发行 / 江西人民出版社

印刷 / 北京柯蓝博泰印务有限公司

版次 / 2016年11月第1版

2019年3月第2次印刷

880毫米×1280毫米　1/32　7.5印张

字数 / 140千字

ISBN 978-7-210-08776-2

定价 / 32.80元

赣版权登字-01-2016-552

如有质量问题，请寄回印厂调换。联系电话：010-64926437

序

　　《三十六计》是千年华夏文明孕育出的智慧奇葩，以"谋略奇书"饮誉世界，与《孙子兵法》一起，并称世界军事史上的兵书"双璧"。

　　在实际生活中，如果提起"三十六计"，相信大多数人都能列举出其中的几个计谋，如围魏救赵、调虎离山、浑水摸鱼、借刀杀人、打草惊蛇、声东击西，等等。但倘若系统而准确地指出三十六计的来龙去脉及其蕴含的智慧精髓，且在为人处世过程中恰如其分地加以应用，就不是每个人都能做到了。

　　"三十六计"的说法，先于著书之年，语源可考自南朝宋将檀道济（？—436）。相传，此人以多智善谋而闻名，曾与北魏军作战，在粮草不继的困境中，以"唱筹量沙"的逼真表演迷惑对手，最后带领所部全身而退，因而"雄名大振"。

据《南齐书·王敬则传》记载：南齐大司马王敬则起兵造反，齐明帝父子在宫中听说叛军即将杀到，仓皇欲逃。

敬则得报说道："檀公（檀道济）三十六策，走是上计，汝父子唯应急走耳。"

此乃首次提出"三十六计"。由此推知，至迟在1500年以前，"三十六计"已经形成，后经补充、完善，终于明清之时定本成书。但具体到《三十六计》的成书年代和作者已难确考。

基于史料所载"檀公三十六策"，故有人将《三十六计》编成口诀以助记忆时，便用"金玉檀公策"开头。《三十六计》的口诀为："金玉檀公策，借以擒劫贼。鱼蛇海间笑，羊虎桃桑隔。树暗走痴故，釜空苦远客。屋梁有美尸，击魏连伐虢。"

口诀中除了"檀公策"三个字外，每个字（最后一句"伐虢"被看作一字）都包含了一条妙计。

按照口诀的顺序依次是：金蝉脱壳、抛砖引玉、借刀杀人、以逸待劳、擒贼擒王、趁火打劫、关门捉贼、浑水摸鱼、打草惊蛇、瞒天过海、反间计、笑里藏刀、顺手牵羊、调虎离山、李代桃僵、指桑骂槐、隔岸观火、树上开花、暗度陈仓、走为上、假痴不癫、欲擒故纵、釜底抽薪、空城计、苦肉计、远交近攻、反客为主、上屋抽梯、偷梁换柱、无中生有、美人计、借尸还魂、声东击西、围魏救赵、连环计、假途伐虢。

这部集历代兵家"韬略""诡道"之大成的谋略奇书，广引《易经》语辞，贯穿老庄之学、阴阳之理、刚柔并济、攻防思辨。含千般变化，万般计谋。以辩证法思想论述了战争中诸如虚实、劳逸、刚柔、攻防等关系，做到"数中有术，术中有数"。

为此，法国海军上将拉科斯特曾称赞《三十六计》是"小百科全书"，系统形象地描绘了"诡道的迷宫"。

从行文线索上说，本书将三十六种军事谋略归纳成六套战法，即胜战计、敌战计、攻战计、混战计、并战计和败战计，系统介绍了无论在优势、均势还是劣势的情况下都能克敌或避敌制胜的智慧。

斗转星移、山河变迁，如今，三十六计已远远超出了军事斗争的范畴，被广泛用于各种领域。无论是变幻莫测的商海，还是复杂纷纭的人际关系，都可以从中得到借鉴。能让读者在熟读经典中，借鉴并活用历史的智慧，正是本书的编写宗旨。

在结构安排方面，本书的每一计都包括"原典"、"注释"、"译文"、"简析"、"战例"五大板块。本书熔意蕴颇深的古文、准确到位的注释和译文、鞭辟入里的简析、精彩绝伦的战例等熔于一炉，内容丰赡，文字精练。

阅罢本书，不仅能让你享受一次智力的盛宴，更能让你获得心灵上的启迪。从"围魏救赵"中，能学到在困难面前逆向思维，出奇制胜；从"瞒天过海"中，能知晓即便是事前准备再周全，也绝不能放松戒备，否则，易让对手寻到破绽，乘虚而入；从"远交近攻"中，能懂得人际交往的平衡之道，从而有利于施计者目标的实现；从"指桑骂槐"中，能体悟到规避正面冲突，巧妙进行旁敲侧击的言辞艺术……

应该特别指出的是，由于三十六计诞生于战争中，敌对双方为了取胜，无所不用其极。而在商海中有法律的规范，在人际关系中有道德的约束，不可能完全施用这些计谋。《孙子兵法》中说：兵者，诡道也。但在当今社会，不论是商场还是人际之间都应以诚信为本。俗语说：害人之心不可有，防人之心不可无。对三十六计的领悟和应用，也应该取其精华，去其糟粕，以防人为主，不应以其行诡计害人。

对每一个智能型选手而言，本书都是其赢取人生胜局的锐利武器。你还等什么？赶紧叩开书扉，在一个个睿智绝伦的案例中，全方位地领略"三十六计"的经典魅力以及古为今用的大智慧吧！

目　录

第三套　攻战计

第四套　混战计

第五套　并战计

第六套　败战计

第一套　胜战计

胜战计，是指在敌弱我强的条件下，根据对手的具体情况采取相应的行动。此计要求在战前要具备取胜的条件、方案和把握，而后在战斗中通过计谋的运用，将我方的优势发挥得淋漓尽致，从而战胜敌人，获得更大的利益。

第一计　瞒天过海

【原典】

备周则意怠①，常见则不疑。阴在阳之内，不在阳之对②。太阳，太阴③。

【注释】

①备：防备。周：周全、周密。意：思想、意识。怠：懈怠、大意。防备很周密，戒备心反而容易松懈。

②阴：在这里指隐秘的策略。阳：指公开的行动。对：相对、相反。隐秘的策略藏匿在公开的行动中，而非在公开事物的对立面。

③太：极、极大。阴、阳是古代哲学思想中矛盾对立的双方。阴中有阳，阳中有阴；阴的极端是阳，阳的极端是阴。全句的意思是非常公开的事物里往往蕴藏着非常机密的计谋。

【译文】

防备得周全时，更容易麻痹大意；习以为常的事，也常会失去警戒。秘密常潜藏在公开的事物里，并非存在于公开暴露的事物之外。公开暴露的事物发展到极端，就形成了最隐秘的潜藏状态。

【简析】

所谓瞒天过海，就是故意一而再，再而三地用伪装的手段迷惑、欺骗对方，使对方放松戒备，然后突然行动，从而达到取胜的目的。

"瞒天过海"的"瞒"并非此计的最终诉求，而只是达成"过海"目的所用的必要手段罢了。

此计的原意是指瞒着"真龙天子"唐太宗，利用船造的房屋做掩饰，让其在不知不觉中渡海，攻打高丽，无形中化解了唐太宗渡海的恐惧。

"天"指代对实施者有危险的所有对象，因此"瞒天过海"的引申意是用方法、计谋隐蔽真实的目的和意图，制造公开的假象，使对方失去警戒之心。

此计的精妙之处在于"瞒"，并被广泛地应用于诸如军事、政治、商业及职场等不同领域。或将不可告人的政治目的藏匿于公之于众的政治主张中，或将具有实际意义的外交行动遮蔽于华丽的外交辞令里面，或通过烦琐的工作实现人生的远大抱负。

【战例】

隋朝将领贺若弼智取徐州

公元 589 年，隋朝大举攻打陈国。陈国是公元 557 年陈霸先称帝建国，定国号为陈，建都城于建康，也就是今天的南京。

战前，隋朝将领贺若弼因奉命统领江防，经常组织沿江守备部队调防。每次调防都命令部队于历阳（也就是今天安徽省和县一带）集中。还特令三军集中时，必须大列旗帜，遍支警帐，张扬声势，以迷惑陈国。

果真陈国难辨虚实，起初以为大军将至，尽发国中士卒兵马，准备迎敌面战。可是不久，又发现是隋军守备人马调防，并非出击，陈便撤回集结的迎战部队。

如此五次三番，隋军调防频繁，蛛丝马迹一点不露，陈国竟然也司空见惯，戒备松懈。直到隋将贺若弼大军渡江而来，陈国居然未有觉察。隋军如同天兵压顶，令陈兵猝不及防，遂一举拔取陈国的南徐州（今天的江苏省镇江市一带）。

假"禅让"曹丕篡帝位

曹丕承袭了父亲曹操的魏王爵位，还不满足，一心想当皇帝，但又不愿落个篡位的名声，于是演出了一场"禅让"戏。先是让一班文官进见汉献帝，说什么自曹丕袭魏王以来，"麒麟降生，凤凰来仪，黄龙出现，嘉禾蔚生，甘露下降：此是上天示瑞，魏当代汉之象"，汉献帝应该效仿古之尧、舜，以山川社稷禅让给魏王。

汉献帝不忍将祖辈创建的四百年江山拱手交给曹氏，曹丕又

4

令曹洪、曹休带剑进内宫把汉献帝挟出殿来，竭尽威胁之辞，逼他让位。

汉献帝为保全性命，只得令人草拟禅国之诏，并送出国玺。曹丕一见诏书和国玺，喜出望外，立即就要接受，司马懿等一班文武劝阻曹丕，不可如此草率受禅。为了避免天下人议论，应该走一番形式，于是热热闹闹的"禅让"戏开锣了。

曹丕令人上表故作谦虚，称自己德薄才疏，请另外求大贤受嗣天位。汉献帝一见奏表，还以为曹丕是真推辞，就想趁势作罢。群臣哪里肯放过，连忙说，当初封曹操为魏王时，他也是再三推辞，陛下你三降其诏，他方才答应了。现在你也应该再次降禅位之诏，魏王曹丕肯定会应允的，不得已，汉献帝又让人二次拟了一份禅位诏书。

曹丕见到第二道诏书，倒是满心欢喜，但又不以此为足。他认为要免除后世说他窃国篡位之名，光有两道诏书还不行，应该筑一"受禅坛"，选择吉日良辰集大小公卿，尽到坛下，让汉献帝亲自捧着国玺，双手交给他，到那时就可以消除别人的猜疑和天下的议论了。

一想到这里，他又写了一折，辞谢受禅的奏章。汉献帝哪里知道其中原委，见他两次推辞，疑惑不定。

这时一个叫华歆的大臣站出来说："陛下你可以筑一土坛，名叫'受禅坛'，召集满朝文武和京城百姓，选择一个良辰吉日，明明白白地禅位，一来让天下百姓黎民知道陛下是自愿禅让，二来你的子子孙孙也会正大光明地受到魏王恩泽，无人敢于加害的。"

　　汉献帝见事已至此，只好照此办理。于是差人在繁阳定下一块地方，筑起一座三层的高坛，选好日期，举行禅让仪式。

　　到了那天，受禅坛下集聚大小官僚四百余人，虎威御林军三十万分列前后，还有无数京城百姓，先请曹丕登坛，汉献帝亲奉国玺至台上，开读禅让的诏书，群臣在坛下跪听诏书：

　　咨尔魏王！昔者唐尧禅位于虞舜，舜亦以命禹：天命不于常，惟归有德……

　　读完诏书，曹丕行八拜之礼，双手接过诏书和国玺，登上帝位。大小官僚在坛下立即山呼"万岁"，朝贺新皇帝。当下改延康元年为黄初元年，国号大魏。曹丕传旨，大赦天下。追封父亲曹操为太祖武皇帝。大臣华歆当即奏明魏帝说："天无二日，民无二主，汉帝既然将天下禅让给陛下，他就应该另作安排，望陛下明确一下，将他安置在何处？"说罢，让汉献帝到坛下跪着听旨，曹丕当即封汉献帝为山阳公，当日就要起行赴任。华歆手按宝剑指着汉献帝，厉声喝道："立一个新皇帝，废一个旧皇帝，是古来就有的常理！现在的圣上仁慈，不忍加害于你，还封你为山阳公。你快打点行李，今日就离京，不是朝廷召见，不许你回来！"此时的汉献帝打落门牙只好往肚里咽，无话可说，只好叩头谢恩，上马离去。坛下军民等人见此情此景，也是伤感不已。已是喜不自胜的曹丕情不自禁地对群臣流露的第一句话是："所谓舜、禹禅让，我现在算知道是怎么回事了！"

　　本来，从曹操起，就把汉献帝玩弄于股掌之中，要立则立，要废则废，到了曹丕，废掉一个献帝，自己称帝，似乎也是易如

6

反掌的事。但政治斗争是复杂的，为避免时人的议论，也为避免后人的责难，使出一条"禅让"的谋略，热热闹闹地假戏真做，以达到混淆视听，欺骗舆论的目的。局外人或者不知道个中原委，信以为真的；或者不大愿意接受事实，经他一宣传一鼓动而改变了态度。如果撇去曹丕的政治目的，单就他制造假象，假戏真做以迷惑人的计谋而言，从商者倒是可以得到一些启迪的。

第二计　围魏救赵

【原典】

　　共敌不如分敌[①]，敌阳不如敌阴[②]。

【注释】

　　①共敌：兵力集中的强敌。分：分散，使分散。

　　②敌阳：古代兵法中指先发制人、正面进攻的战略。敌阴：古代兵法中伺机出击、后发制人的战略。

【译文】

　　进军兵力集中、实力强大的敌军，不如把这样的敌军分散减弱了之后再攻打。与其从正面攻击敌军的强盛部位，不如从防守相对薄弱的部分进攻更有效。

【简析】

所谓围魏救赵，是指当敌人实力强大时，要避免和强敌正面决战，应该采取迂回战术，迫使敌人分散兵力，然后抓住敌人的薄弱环节发动攻击，置敌于死地。此计适用于敌我力量悬殊之战，对于军事实力几倍、几十倍于自己的敌人，如果采用莽撞、强硬的方式与其一决高下，一定会头破血流、伤亡惨重。

在己方处于军力劣势的情况下，最好的方法就是分导引流，找准敌人的薄弱环节、要害部位，避实就虚，全力攻击，或是绕到敌军的后方攻其不备，对其造成威胁和牵制，用最小的代价取得最大的胜利。

"围魏救赵"被广泛应用于军事、政治、经济、职场、处世等领域，为人们解决诸多难题提供了实用、便利的指导方针，效果显著。而要充分挖掘此计的潜在智慧，为我们所用，需要注意以下一些问题。

【战例】

齐、魏桂陵之战

公元前 354 年，魏惠王欲释失中山的旧恨，便派大将庞涓前去攻打。中山原本是东周时期魏国北邻的小国，被魏国收服，后来赵国乘魏国国丧，伺机将中山强占了。

魏将庞涓认为中山不过弹丸之地，距离赵国又很近，不若直打赵国都城邯郸，既解旧恨又一举双得。魏王从之，欣欣然似霸业从此开始，即拨五百战车，以庞涓为将，直奔赵国围了赵国都城邯郸。

赵王急难中只好求救于齐国，并许诺解围后以中山相赠。齐威王应允，令田忌为将，并起用从魏国救得的孙膑为军师领兵出征。孙膑曾与庞涓是同学，对用兵之法谙熟精通。魏王用重金将他聘得，当时庞涓也正事奉魏国。

庞涓自觉能力不及孙膑，恐其贤于己，遂以毒刑将孙膑致残，断孙两足并在他脸上刺字，企图使孙不能行走，又羞于见人。后来孙膑装疯，幸得齐使者救助，逃到齐国。这是一段关于庞涓与孙膑的旧事。

且说田忌与孙膑率兵进入魏赵交界之地时，田忌想直逼赵国邯郸。

孙膑制止说："解乱丝结绳，不可以握拳去打，排解争斗，不能参与搏击，平息纠纷要抓住要害，乘虚取势，双方因受到制约才能自然分开。现在魏国精兵倾国而出，若我直攻魏国。那庞涓必回师解救，这样一来邯郸之围定会自解。我们再于中途伏击庞涓归路，其军必败。田忌依计而行。"

果然，魏军离开邯郸，归路中又陷伏击与齐战于桂陵，魏部卒长途疲惫，溃不成军，庞涓勉强收拾残部，退回大梁，齐师大胜，赵国之围遂解。

这便是历史上有名的"围魏救赵"的故事。又后十三年，齐魏之军再度相交于战场，庞涓复又陷于孙膑的伏击，自知智穷兵

10

败遂自刎。孙膑以此名显天下，世传其兵法。这个典故是指采用包抄敌人的后方迫使它撤兵的战术。

一纸救江东

这个智谋故事见于《三国演义》第五十八回"马孟起兴兵雪恨　曹阿瞒割须弃袍"。

当曹操得知周瑜病逝的消息后，就准备再次兴兵进犯江东。但是，他又担心西凉州的镇东将军马腾，会乘机袭取空虚的许都。为此，曹操特派使者西去凉州，以朝廷的名义给马腾加以征南将军的头衔，命令他随军讨伐孙权。

于是，马腾带领其子马休、马铁及五千西凉兵卒应召来到许昌城下。不久，西凉兵被曹操消灭，马腾父子三人也惨遭杀害。此后，曹操自认为解除了后顾之忧，即时起兵三十万，直扑江东。江东闻报之后，立即让鲁肃派使者西上荆州，向刘备求援。

诸葛亮看罢江东的求救信，胸有成竹地对刘备说："既不用动江南之兵，也不用动荆州之兵，我自有妙计使曹操不敢进兵东南。"

他让使者带回江东的信中说："如果曹军南犯，刘皇叔自有退兵之策。"

诸葛亮告诉刘备说："曹操平生最担心的就是西凉之兵。现在曹操杀了马腾，马腾长子马超仍然统领着西凉之众，曹操的杀父之仇定使马超刻骨切齿。主公只要修书一封，派人结援马超，让马超兴兵入关。这样一来，曹操岂能兵犯江东？"

刘备闻言大喜，立即修书，派使者投送西凉的马超。

马超听说父亲和两个弟弟遇害的消息后，放声大哭，悲怆倒地。他咬牙切齿，痛骂曹贼。正在此时，刘备的使者持书赶到。

马超拆书一看，刘备在信中除了大骂曹操之外，还回忆了昔日与马腾同受汉帝密诏、誓诛曹贼的往事和旧情。指出，他统荆、襄之众以遏曹之前。认为此举不但曹操可擒、奸党可灭、大仇可报，而且汉室可以复兴。

马超看罢，立即挥泪复信，打发使者先回，随后便点齐西凉兵马。正准备进发时，西凉太守韩遂使人请马超相见。

原来韩遂与马腾是结义兄弟，韩遂与马超以叔侄相称。韩遂告诉马超：曹操派人送来书信，以封西凉侯为诱饵，让他擒拿马超。

韩遂还向马超表示：既为叔侄，不忍加害，愿意与他一起联军进击曹操，以报仇雪恨。

韩遂杀掉曹操的使者，又征调手下八部兵马，合自己与马超共计十部，二十万大军，浩浩荡荡杀奔长安。曹操得到关中警报以后，遂放弃南下攻击孙权的计划，专力对付关中的马超、韩遂之军。诸葛亮一封书信就轻而易举地制止了曹军南下，救了孙权之危。

第三计　借刀杀人

【原典】

敌已明，友未定①，引友杀敌②，不自出力。以《损》推演。

【注释】

①友：盟友，可以结盟而借力的人、国家或他物。

②引：引诱。引友杀敌：引诱友军，借助盟友的力量消灭敌人。

【译文】

敌军的基本情况已经摸清楚了，而盟友却还处在犹豫观望之中。当务之急是设法促使盟友坚定进攻敌军的决心，这样就可以不用我军出兵，保全我军实力。这是从《易经》的"损"卦里推导出来的，盟军在攻战中可能会有损失，这对我军是极为有利的形势。

【简析】

所谓借刀杀人，是指在对付敌人的时候，自己不动手，而利用第三者的力量去攻击敌人，用以保存自己的实力；再进一步，则巧妙地利用敌人的内部矛盾，使其自相残杀，以达到置敌于死地的目的。

战争中，"借刀杀人"是为了保存自己的实力而巧妙利用矛盾的谋略。其中的"杀人"不能仅理解为损人利己之事，而是可以引申为想要达到的任何目的。"借刀杀人"，巧在一个"借"字，即利用、借用。

所谓"借"，就是借用外部力量来帮助自己。自己缺兵少将，就多借用盟军的力量；直接杀敌有困难，就要设法使用他人的刀枪；资金不足，就要想法利用别人的金钱；缺乏物资，就千方百计让别人的物资为己所用；自己的谋略行不通，就试着采纳他人的智谋。

总之，自己难以做到的事情，可以借助他人之手去做，无须亲自动手，便可坐得其利，这便是"借刀杀人"之计的妙用。

要深刻理解此计，不能忽略以下几个重要因素：

一是如上所说，巧用外力为己所用。借用别人的手和力量，自己不用动手不用出力，不花任何代价，便顺利实现自己的目标。

二是争取有利可图的第三方加入。借其刀去杀人，即使对方不是心甘情愿入伙，也必然难逃干系。

最后要注意此计的绝妙之处在于，避免自己抛头露面，做到不留任何痕迹，也就可以不承担任何责任。既落得置身事外，又达到了自己的目的。

因此，此计的主要特点在于：抓住主要矛盾后，借敌方内部力量或盟友力量，削弱或消灭敌对势力。而关键要善于捕捉和利用矛盾，包括敌方内部的矛盾以及敌方与盟友的矛盾，并想方设法将这些矛盾扩大、激化，直至引起敌方内部争斗，或是敌方与盟友的斗争，以达到削弱或消灭敌方兵力的目的。

在军事上，此计的运用多与利用反间计相联系。而现代商战中，有些商家为谋取私利故意造成他人过失来掩盖自身失误的例子也比比皆是，其所用策略都可称为"借刀杀人"。

【战例】

子贡游说三国保鲁国

此计是根据《周易》六十四卦中《损》卦推演而得。曰："损下益上，其通上行。"此卦认为，"损、益"，不可截然划分，二者相辅相成，充满辩证思想。此计谓借人之力攻击我方之敌，我方虽不可避免有小的损失，但可稳操胜券，大大得利。

春秋末期，齐简公派国书为大将，兴兵伐鲁。鲁国实力不敌齐国，形势危急。孔子的弟子子贡分析形势，认为唯吴国可与齐国抗衡，可借吴国兵力挫败齐国军队。

于是子贡游说齐相田常。田常当时蓄谋篡位，急欲铲除异己。子贡以"忧在外者攻其弱，忧在内者攻其强"的道理，劝他莫让异己在攻弱鲁中轻易主动，扩大势力，而应攻打吴国，借强国之手铲除异己。

田常心动，但因齐国已做好攻鲁的部署，转而攻吴怕师出无名。子贡说："这事好办。我马上去劝说吴国救鲁伐齐，这不是就有了攻吴的理由了吗？"

田常高兴地同意了。

子贡赶到吴国，对吴王夫差说："如果齐国攻下鲁国，势力强大，必将伐吴。大王不如先下手为强，联鲁攻齐，吴国不就可抗衡强晋，成就霸业了吗？"

子贡马不停蹄，又说服赵国，派兵随吴伐齐，解决了吴王的后顾之忧。子贡游说三国，达到了预期目标，他又想到吴国战胜齐国之后，定会要挟鲁国，鲁国不能真正解危。于是他偷偷跑到晋国，向晋定公陈述利害关系：吴国伏鲁成功，必定转而攻晋，争霸中原。劝晋国加紧备战，以防吴国进犯。

公元前 484 年，吴王夫差亲自挂帅，率十万精兵及三千越兵攻打齐国，鲁国立即派兵助战。齐军中吴军诱敌之计，陷于重围，齐师大败，主帅国书及几员大将死于乱军之中。齐国只得请罪求和。夫差大获全胜之后，骄狂自傲，立即移师攻打晋国。晋国因早有准备，击退吴军。

子贡充分利用齐、吴、越、晋四国的矛盾，巧妙周旋，借吴国之刀"，击败齐国；借晋国之"刀"，灭了吴国的威风。鲁国损失微小，却能从危难中得以解脱。

张居正阴谋夺权

张居正是明朝宰相，也算中国历史上的一位大政治家，为了要夺权，也不惜使用移尸嫁祸的阴谋。

明神宗即位时，年仅十岁，太监冯保，居中用事。大学士张居正明白要夺权专政，非借冯保之力不可，乃暗地结好冯保，称兄道弟。这时，独握朝政大权的是内阁大学士高拱，高拱和张居正又是面和心不和的。

有一次，神宗早朝，方走出宫，突有一无须男子，做宦官状，疾趋而来，左右见此，即上前把他抓住，搜出一把利刀，显有行刺企图。神宗即命冯保审问，此人供说名叫王大臣，来自南方戚继光的营里。冯保闻言大惊，立即停审，亲往见张居正，问如何处置。

张居正说："高拱此人，屡想把你逐出宫外，此番可打蛇随棍上，乘机把高拱除了，你才可以高枕无忧。何况戚继光正握南北军权，妄指不得，何不如此如此，这般这般？"

冯保闻言大喜，回来即叫亲信年儒去行事。年儒私对疑犯王大臣说："下次审问的时候，你只一口咬定，是高拱派你来行刺的，便可赦你无罪，还会升你官做锦衣卫，赏赐千金。如不这般说，必会把你打死。"

王大臣在此威迫利诱下，自然勉强答应照办了。

到第二次审问的时候，各大臣早已心知肚明此案的内幕复杂，都列席旁听。冯保这位无须主审官便问疑犯："大胆王大臣，你来行刺，究竟受谁人指使的？"

王大臣在拘押时已吃尽拷打之苦，此时便愤然回答："是你教我说是受高拱相公主使的。"

旁听之人大哗起来，冯保闻言大惊，即宣布退庭，不敢复问。

第二天再审，疑犯王大臣已中了哑毒，不能说话，冯保不待细审，即朱笔一批，押犯人往午门斩首。

在此情况之下，高拱也不安于位了，让出位，回家吃老米去了，朝政大权，便落在张居正手里。

第四计　以逸待劳

【原典】

困敌^①之势^②，不以战；损刚益柔^③。

【注释】

①困敌：迫使敌人处于困顿。

②势：即兵势。

③损刚益柔：语出《易经·损》。"刚"、"柔"是两个相对的事物现象，在一定的条件下相对的两方又可相互转化。"损"，卦名。本卦为异卦相叠（兑下艮上）。上卦为艮，艮为山，下卦为兑，兑为泽。上山下泽，意为大泽浸蚀山根之象，也就是说有水浸润着山，抑损着山，故卦名叫"损"。"损刚益柔"是根据此卦象讲述"刚柔相推，而主变化"的普遍道理和法则。

【译文】

对敌人造成围困的形势，不一定要用直接进攻的方式，完全可以采用静守不战的战略，积极防御，因势利导，逐渐消耗敌人的再生力量，最后用敌方力量发展的命脉来扼杀它，可使"强敌"受损失而使"弱己"有所增益，使自己变被动为主动。这就是"损刚益柔"原理的演用。

【简析】

"以逸待劳"，是指当敌方气焰高涨时，为了避开敌人的锋芒，有力地增强自己的兵力，首先应该主动采取守势，进行积极防御的同时，养精蓄锐，有效地控制敌人。

巧妙周旋，调动其在预设的战场上四处奔命，待敌人疲劳混乱、锐气减退、敌我态势发生变化时，迅速转守为攻，乘机出击取胜。

此计强调：要想让敌方处于困难的境地，不一定只有进攻之法。关键在于适时地掌握主动权，伺机而动，以不变应万变，以静制动，积极调动敌人，努力牵着敌人的鼻子走，创造决胜机会。

所以，此计中的"待"切不可理解为消极被动的等待，相反，它是积极主动的反击准备。

战争是一种"力"的较量，要运用智慧，削弱、限制敌方的力量，增强己方力量的发挥，才有取胜的把握。"以逸待劳"之计，就是实现"力"转化的有效方法。以我方的严整来对待敌人的混乱，以我方的冷静来对待敌人的惶恐。

总之，想方设法让敌人长途跋涉，疲于奔命！以自己的从容休整，来对待敌人的筋疲力尽；以自己的物资丰盈来对待敌人的弹尽粮绝。这样，才能战胜敌人。

此计正是根据"损"卦的道理，以"刚"喻敌，以"柔"喻己，意谓困敌可用积极防御，逐渐消耗敌人的有生力量，使之由强变弱，而我因势利导又可使自己变被动为主动，不一定要用直接进攻的方法，同样可以制胜。

【战例】

重耳"退"灭楚军

公元前655年，晋国发生王位继承权争夺内乱，太子申生被逼死，他的弟弟重耳被迫逃亡国外。公元前637年，重耳流亡到了楚国。楚王觉得重耳以后有可能重回晋国夺取王位，因此对重耳非常热情。

一天，楚成王举行宴会招待重耳，气氛十分热烈。席间，成王见重耳有些醉意，便乘机试探："公子，如果将来能返回晋国执政，您将怎么报答我呢？"

重耳没想到楚成王会在这种场合提出这样的问题，一时不知道该怎么回答。但凭他的政治经验，他还是很快回答道："大王，楚国美女如云，金玉珠宝成山，美丽鲜艳的羽毛、洁白细润的象牙、坚固耐用的皮革应有尽有。倾晋国所有，都比不上贵国一个零头。"

重耳面带惭愧，稍事停歇又说："托您的福，重耳如能返回晋国夺得王位，一定不忘您的大恩大德。将来如晋、楚发生战争，我一定下令晋军后撤九十里，以期大王谅解。"

楚成王听了，虽然心里不怎么满意，也不好说什么。大将成子玉有点气不过，悄悄对楚成王说："重耳说话如此嚣张，日后一定忘恩负义，大王应该及早铲除他，不留后患。"

楚成王并没有采纳他的意见。

之后，重耳历经磨难，终于回到晋国，登上了国君宝座。他抓紧改革内政，扩充军队，国力迅速加强。

公元前635年，楚国大将成子玉率兵进攻宋国。宋国一面抵抗，一面与晋国商讨派兵救援一事。重耳和众臣商量之后，决定派兵攻打刚刚投降楚国的曹、卫两国，如果楚军前往救援，宋国便可以逃过一劫。

楚成王听说晋军接连攻下了曹、卫两国，慌忙命令成子玉撤离宋国。成子玉不自量力，私自发兵向晋军进攻。

重耳命令晋军向后撤退，将士们都强烈反对，"堂堂晋军在楚军面前打退堂鼓，这是莫大的耻辱，会让诸侯嘲笑的。我们应该攻其不备，让他们措手不及。"

大臣狐偃解释道："当年国君曾向楚王许诺，如果同楚军发生冲突，当'退避三舍'以报大恩。今日我军暂退三舍，不仅兑现了当年国君的诺言，还可以避开楚军锋芒，待其斗志松懈再与之交战，这样就可以胜券在握。"

晋军将士一退九十里，列阵等待楚军。重耳坐卧不安，既担心晋军从未与强大的楚军交锋过，又害怕诸侯会怪罪他的忘恩负义。

忽然，帐篷外歌声大作，将士们个个士气饱满，积极准备迎敌，重耳顿时坚定了与楚国决一死战的信心。决战开始，重耳派出一队精兵强将，驾着战车猛力冲击楚军的薄弱环节。

同时，他又指挥一部分主力部队，假装继续退兵，引诱楚军主力追击，将其带入晋军的埋伏圈，全部歼灭。晋军取得了全面胜利。

重耳借"退避三舍"从容布阵，正是妙用了"以逸待劳"之计，以静对动，掌握了主动权，积极调动敌人，待机而动，不仅在敌人疲惫不堪、无力应对时将其一举攻下，而且因为舍弃了诸多不必要的盲目行动，为晋军减少了许多无谓牺牲。

李牧破匈之战

战国时期，经过兼并战争，只剩下七个大国：齐、楚、燕、韩、赵、魏、秦。七国之中，秦、赵、燕三国与胡人为邻，赵国在代郡、阴山之下筑了长城，设置了云中、雁门、代三郡。

到了战国末期，北方的匈奴部落强大起来。匈奴骑兵数量既多，又很精锐，常到赵国雁门、代郡一带劫掠，赵国军队无法与之抗衡。

李牧是战国末年赵国名将，智勇双全，他长期驻守北疆的代郡和雁门，抵御匈奴入侵。李牧根据敌强我弱的实际情况，对匈奴采取防御为主、设法使敌军产生骄傲情绪的策略。

李牧在驻地设置官吏，将军中交易所得税收都作为士兵的伙食费用，每天宰杀牛羊为士兵改善伙食。士兵吃饱喝足之后，李牧就带领他们练习骑射。

李牧在边疆修了烽火台，派出很多间谍去探察敌人的动静，并给士卒们订立了严格的制度，他传令说："匈奴骑兵来时，要迅速进堡自守，有敢去捕捉匈奴骑兵者斩首。"

因此，当间谍侦知匈奴骑兵进犯时，烽火台立即举火报警，李牧从不迎战，而是及时坚壁清野，让军队收好畜产退入堡垒中坚守。

像这样过了几年，人畜都没有伤亡损失。而匈奴以为他兵弱胆小，不敢出战，便不再把他放在眼里了。

久而久之，赵国驻守边境的兵士以为守将胆怯。赵王认为李牧胆小怯战，遣使斥责他，但李牧依然照旧行事。赵王大怒，撤了他的职。

代李牧守边的赵将每当匈奴来犯时，就率兵出战，结果屡遭失败，损失惨重，边疆不宁，百姓无法耕牧。一年后，赵王只得又派李牧去守边疆，李牧闭门不出，称病在家。

赵王一再强令，他对赵王说："如果一定要起用我的话，请允许我仍按老办法行事，我才敢领命。"

赵王答应了他，李牧到了边疆，一切如前。渐渐地，匈奴以为他胆小怯战，对他毫无戒心了。李牧关心士卒生活，每天仍是宰牛杀羊为士兵改善伙食。

李牧善于治军，他率领的部队军纪严明，军事训练非常严格，士兵个个马术精熟，勇敢善战。将士们日日受赏而不能报效，时间长了，都愿和匈奴决一死战。在敌军骄惰无备、赵军求战心切的情况下，李牧选出战车一千三百乘，战马一万五千匹，勇士五万人，善射者十万人，全部进行操练，演习作战，准备发起攻击。

为了引诱匈奴骑兵，李牧让百姓出城放牧，漫山遍野都是牛羊。不久，敌人小股来犯，试探着进攻，李牧佯装败退，丢下数十人。匈奴单于听说后，忙率大军南侵，长驱直入。李牧见状，出其不意地摆出奇阵，从左右两翼包抄合围，敌兵立即乱了阵脚。

只此一战，李牧就率赵军消灭敌人骑兵十余万。接着，李牧又率兵消灭了澹褴部族，打败了东胡族，收降了林胡部族。匈奴单于只得引兵远遁，十多年不敢犯边。

李牧破匈之战，先是坚壁清野，积极防御，为以后的破匈之战做好准备工作。然后故意以弱示敌，从心理上麻痹敌人，让对手产生轻敌思想，从而争取到歼敌的有利战机。

李牧是匈奴崛起后第一个与之大规模交锋的汉族将领，并取得赵匈之战的大捷，从而解除了赵国北部的严重压力，使赵国能腾出手来西拒强秦，意义非凡。同时，在此战中，李牧创造了步兵大兵团围歼骑兵大兵团的奇迹，堪称战争史上的典范。

此计强调：使敌方处于困难局面，不一定只用进攻之法。关键在于掌握主动权，待机而动，以不变应万变，以静对动，积极调动敌人，创造战机，不让敌人调动自己，而要努力牵着敌人的鼻子走。所以，不可把以逸待劳的"待"字理解为消极被动的等待。

第五计　趁火打劫

【原典】

敌之害大①，就势取利，刚决柔也②。

【注释】

①害：指敌人遇到的严重灾难，使之处在困难、危险的境地。

②刚决柔也：语出《易经·夬》卦。《夬夬》的《象》辞说："夬，决也。刚决柔也。"因乾卦为六十四卦的第一卦，乾为天，是大吉大利，吉利的贞卜，所以此卦的本意是力争上游，刚健不屈。所谓刚决柔，就是下乾这个阳刚之卦，在冲决上兑这个阴柔的卦。此计是以"刚"喻己，以"柔"喻敌，言乘敌之危，就势而取胜的意思。

【译文】

当敌方处于危机的时候，要趁机对其发动进攻以便夺取胜利。敌方有内忧，可抢占他的地盘；敌方有外患，可掠夺他的民财；敌方内忧外患交加，就吞并他的国家。这就是强者趁势取利，适时把握战机，一举打败陷于厄境之敌的战略。

【简析】

无论多么强大的对手，都会有软弱的地方，看似无懈可击的防御，也会出现有机可乘的时候。当竞争对手遇到麻烦或陷入危机时，往往是制服对手的最佳机会。

高明的决策者往往会充分利用这种机会，果断出击，获取最大利益。这就是我们平时所说的"趁火打劫"。

"趁火打劫"，有以下两种情形：

第一种情形是乘人之危，抱薪救火。对方后院"起火"，我方可以伪装"救火"的姿态前去凑热闹，这样既不会被对方拒绝，也不会引起对方注意。在"救火"过程中，便可以暗中捞取好处，或在暗角再点一把"新火"，给敌方制造更多的麻烦，这样就可以轻易地将其置于死地。

在敌人发生危难之时，采用这种方式向敌人发起主动进攻，往往很容易取得成功，为自己谋得利益，也可称为乘间取利，乘人之隙。

第二种情形为助纣为虐，入伙分利。火是别人放的，别人趁火打劫时，我方乘机插手，助对方一臂之力，事成之后，获得部分利益。两种方法都极为巧妙。

"趁火打劫"这一计策虽然看似不甚光明磊落，但着实是屡试不爽的破敌良策，往往能起到扭转战局、变被动为主动的奇效。其要义在于，当对手处在危难之中自顾不暇时，趁机迫其接受正常情况下难以接受的苛刻条件。

运用这一计谋的关键，在于对"打劫"时机的正确把握。

这就要求决策者掌握对手的动态，通过分析，确认对手已经"失火"，正处在危难之中或是有求于己时，果断出手，于乱中获利。

需要注意的是，"趁火打劫"，一方面要求决策者反应敏锐，出手果断，因为有利时机往往稍纵即逝，若是等到"火"灭了再行劫，效果就会大打折扣；另一方面，也要注意不可盲动，既要避免中了对手引蛇出洞的圈套，又要注意"劫"之有度，不要引火烧身。

【战例】

勾践趁乱灭吴

春秋时期，吴国和越国相互争霸，战事频繁。经过长期战争，越国终因不敌吴国，只得俯首称臣。

越王勾践被扣在吴国，失去行动自由。勾践立志复国，十年生聚，十年教训，卧薪尝胆。表面上对吴王夫差百般逢迎，终于骗得夫差的信任，被放回越国。回国之后，勾践依然臣服吴国，年年进献财宝，麻痹夫差。而在国内则采取了一系列富国强兵的措施。

越国几年后实力大大加强，人丁兴旺，物资丰足，人心稳定。吴王夫差却被胜利冲昏了头脑，被勾践的假象迷惑，不把越国放在眼里。他骄纵凶残，拒绝纳谏，杀了一代名将忠臣伍子胥，重用奸臣，堵塞言路。生活淫靡奢侈，大兴土木，搞得民穷财尽。

公元前 473 年，吴国颗粒难收，民怨沸腾。

越王勾践选中吴王夫差北上和中原诸侯在黄池会盟的时机，大举进兵吴国，吴国国内空虚，无力还击，很快就被越国击破灭亡。勾践的胜利，正是乘敌之危，就势取胜的典型战例。

田单"巧攻心后打劫"

公元前 284 年，燕、赵、韩、魏、秦五国曾共同出兵攻打当时强大的齐国。燕国派出大将乐毅统率五国军马，接连将齐国七十二城攻下。

最后，齐国只剩下莒州和即墨两座城市没有被占领，乐毅有意没有攻取这两个地方，是为了对民众施以仁政，收买人心，为日后做长远打算。

五年后，齐国即墨城守将田单派人向齐王建议：让莒州与即墨互为犄角，共同对付燕军。

这五年，燕国发生了很大的变化。乐毅在朝中受人嫉妒，饱受谣言攻击。于是田单乘机派人去燕国散布谣言，说乐毅和田单正在密谋称王。燕王闻讯，立刻招乐毅回燕国。乐毅见情况不妙，马上就投奔赵国做官去了。

燕王无奈，便派出骑劫代替乐毅统领燕军，下令即刻进攻即墨城。不料，城中军民在守将田单的率领下，万众一心，拼命反抗，坚守城池。但由于燕军拥有众多精兵强将，即墨城还是很快就被围了个水泄不通。田单在城中冥思苦想，希望能有一良策巧妙破敌。一天，他忽然计上心来。

第二天清晨，田单对全体军民声称：昨晚他梦见天神要派神师助自己对付燕国。

不久，一名身着神师服饰的士卒，就被即墨城的百姓拜为"神师"，据说他就是田单梦中的神师模样。从此田单便通过"神师"发号各种师令。

一日，"神师"发布命令说，三餐之前务必要在庭院中祭祖。于是田单连忙让手下精心准备祭祀活动。祭祀中，百鸟见庭院中有食物，便每日云集即墨城上空。燕军见此情景，本来就很诧异，又听说齐军得了神师帮助，很快，军中便人心浮动。

田单知道情况后，心生欢喜，便就势用大红绸布和彩色颜料将城中一千多头牛打扮起来，牛角绑上尖刀，牛尾捆上涂有膏油的麻苇，再让选出的五千精兵，穿上五彩怪衣，脸部涂上各色颜料，俨然一副天兵天将的模样。

天色一黑，田单就命令"神兵神将"们用火点燃牛尾上的麻苇，赶着数千头装扮怪异的牛从早已挖好的洞穴中一起冲出。牛一被火烧，便冲出城门蜂拥向燕国的营地狂奔而去。五千"神兵神将"也手持钢刀，紧跟其后。

一时间，景象很是壮观：惊慌失措的燕军以为真的是神兵天将降临，一个个吓得魂飞魄散，夺命而逃。而此时，千头"怪"牛带着团团火光，就像腾云驾雾、从天而降一样，在燕营中横冲直撞，凶猛无比。

燕军一片混乱，溃不成军。田单"趁火打劫"，把燕军杀得一败涂地，并趁势接连攻克了十多座城池。

最终，不仅将燕军赶出了齐国，还一鼓作气，收复了全部的疆土。由于战功赫赫，齐襄王把田单任命为燕国的相国，封其为安平君。

田单在收复疆土时，面对敌众我寡、敌强我弱的情形并没有畏敌，而是聪明地运用心理战术和"火牛阵"，先造成了燕王对大将乐毅的不信任，导致乐毅逃走，然后用"神师"和"天兵天将"的表演蒙蔽敌军，促使其人心慌乱，然后趁火打劫。在敌我交锋中迅速占据上风，一举取得了战争的胜利。

由此看来，"趁火打劫"一计在敌我悬殊的战势中，无疑是打击对手、保全自我的有效手段。

第六计　声东击西

【原典】

敌志乱萃①，不虞②，坤下兑上之象③，利其不自主而取之④。

【注释】

①萃，野草丛生。敌志乱萃：敌人情志混乱，失去明确的主攻方向。

②不虞：不加戒备，不及防备，意料不到的意思。

③坤下兑上之象：喻指聚在一起的是一潭高出地面的死水，迟早会溃决。

④不自主：即不能自主地把握自己的前进方向和攻击目标。利其不自主而取之：敌人不能把握自己的前进方向，这对我方有利，应趁机进攻、打击敌人。

【译文】

敌人处于心迷神惑、行为紊乱、意志混沌的状态时，就像处于高

33

出地面的沼泽，溃决之势已成，不能正确预料和应付突发事件。此时，应该利用他们心智混乱，无法自主把握前进方向的时机，灵活机动地运用时东时西，似进似退的战略，造成对方的错觉，进而出其不意地将其一举消灭。

【简析】

"声东击西"之计一般用在己方处于进攻态势的情况下。"声东"旨在虚晃一枪，所击之"西"才是主攻目标。

因此，此计的重点在于对我方的企图和行动绝对保密，制造假象、佯动误敌来伪装己方的攻击方向，转移敌人的目标，使其疏于防范，让"西"成为敌方的不备或不及之地，然后乘其不备，发动突然进攻，一举击败敌人，出奇制胜。

"声东击西"的战例颇多，使用的方法也各异，而成败的关键在于攻方的"声东"是否能让防御方完全相信，或迷惑其意志，或故布疑阵，使对方力量分散，使其减弱"西面"的防御甚至完全放弃对"西面"的防范，从而达到自己的目的。

总结起来，"声东击西"之计可以有以下几种使用方式：

一是忽东忽西牵制敌人。不固定我方的进攻方向，时而向东，时而向西，一会儿在这儿，一会儿在那儿，把敌方弄得晕头转向，无法确定我方的主攻方向和真实意图，只好处处被动设防。时间一长必然只有招架之功，而无还手之力，我方便可利用时机大获全胜。

二是即打即离迷惑敌人。是指我方时而主动攻战，时而远远离开。敌方以为我方要打时，我方不打；敌方以为我方不打时，我方却突然发动袭击。以致敌人无法部署战前准备，失败也就在所难免。

三是发动佯攻蒙蔽敌人。是指我方故意向甲地发动进攻，吸引敌人的注意力，等敌人把兵力全部调到甲地时，我方突然在乙地发起猛攻。敌人知道后，为时已晚。

四是避强击弱袭击敌人。是指在我方飘忽不定的进攻下，敌人无法制订准确的进攻计划，我方就避开了敌之锋芒，乘机猛攻敌人的薄弱环节，让其无力应对，妥协就范。

总之，"声东击西"历来受到中国兵家的重视，但是如果此计运用不好，被对方发现了自己的真实意图，则会搬起石头反砸到自己的脚。

【战例】

班超智平莎车

东汉时期，班超出使西域，目的是团结西域诸国共同对抗匈奴。为了使西域诸国便于共同对抗匈奴，必须先打通南北通道。

地处大漠西缘的莎车国，煽动周边小国，归附匈奴，反对汉朝，班超决定首先平定莎车。

莎车国王北向龟兹求援，龟兹王亲率五万人马，援救莎车。班超联合于阗等国，兵力只有二万五千人，敌众我寡，难以力克，必须智取。

班超遂定下声东击西之计，迷惑敌人。他派人在军中散布对他的不满言论，制造打不赢龟兹，可能撤退的假象，并且特别让莎车俘虏听得一清二楚。

这天黄昏，班超命于阗大军向东撤退。自己率部向西撤退，表面上显得慌乱，故意放俘虏趁机脱逃。俘虏逃回莎车营中，急忙报告汉军慌忙撤退的消息。

龟兹王大喜，误认班超惧怕自己而慌忙逃窜，想趁此机会追杀班超。他立刻下令兵分两路，追击逃敌。他亲自率一万精兵向西追杀班超。

班超胸有成竹，趁夜幕笼罩大漠，撤退仅十里地，部队即就地隐蔽。龟兹王求胜心切，率领追兵从班超隐蔽处飞驰而过，班超立即集合部队，与事先约定的东路于阗人马，迅速回师杀向莎车。

班超的部队如从天而降，莎车猝不及防，迅速瓦解。莎车王惊魂未定，逃走不及，只得请降。龟兹王气势汹汹，追赶一夜，未见班超部队踪影，又听得莎车已被平定，人马伤亡惨重的报告。眼见大势已去，只好收拾残部，悻悻然返回龟兹。

唐伯虎装傻巧脱身

唐朝书画家唐伯虎一生的风流韵事很多，这位江南才子，不但善于在红粉翠绣间周旋，而且能够在险恶的政治斗争中，运用"声东击西"之计保全自己。

明孝宗弘治年间，宁王朱宸濠试图起兵谋反。他特地在南昌城南建了座阳春书院，并且用重金到处招揽人才，打算扩大自己的势力，为起兵篡位做准备。

宁王久闻唐伯虎才名，便有意为己所用，于是特地派人带重金到苏州礼聘。唐伯虎不知道宁王的野心，以为对方真的器重自己，当下便受聘来到宁王府。到南昌以后，朱宸濠对他倒也不错，处处以上宾礼节相待，并腾出一栋别墅让他居住。

不久，唐伯虎看出宁王心怀不轨，有意谋反的迹象，便一心想要逃出虎口，但是，怎样才能脱身呢？唐伯虎想出一条妙计，他效仿孙膑装疯卖傻起来。

宁王派人送重礼给他，他便借酒撒泼，将东西全部打翻在地，并对前来侍候他的几个婢女大发淫威，又是暴打又是蹂躏，吓得婢女们谁都不敢靠近他。宁王听说他一会儿哭，一会儿笑，以为他是在装疯，就同王妃一起前去探个虚实。唐伯虎老远见他们来，就脱光衣服赤身裸体地开始跳舞。

朱宸濠大为震惊，恼羞成怒地说："谁说唐伯虎是贤士，我看他不过是一个疯子而已！"

于是立即下令把唐伯虎赶出宁王府，永不叙用。唐伯虎终于平平安安地回到了苏州老家。很快，宁王起兵谋反，巡抚王守仁将其镇压后，将那些被宁王礼待过的名士们都作为逆党诛杀，只有唐伯虎佯装癫狂脱身而去，才没有受到株连，得以在苏州城安享晚年。

唐伯虎表面上狂放洒脱，放荡不羁，其实一生聪慧而有才能，当洞察到宁王将有异志时，巧妙地设计脱身，保全了自己。

他知道如果辞官回乡，宁王说不定会怀疑自己，招来杀身之祸。于是借酒装傻，见东西就砸，见女人就追，采用这些表面上"声东"的假象，招致宁王的反感，直至被下逐客令，实现了自己避免成为政治斗争牺牲品的"击西"目的。

第二套　敌战计

敌战计，与敌匹敌，势均力敌，设法突破僵局之计。意指要在敌我双方对峙的情况下有意识地主动创造有利于我方的条件和时机，造成敌方的错觉，使之处于被动，受制于我。

第七计　无中生有

【原典】

诳也，非诳也^①，实其所诳也^②。少阴、太阴、太阳^③。

【注释】

①诳：欺骗，迷惑。句意为：虚假之事，又非虚假之事。

②实：实在，真实。句意为：把真实的东西隐藏到假象中。

③少阴，太阴，太阳：此"阴"指假象，"阳"指真相。句意为：大大小小的假象逐渐转化为真实。

【译文】

　　用虚假情况迷惑敌人，但又不完全是虚假情况，因为在虚假情况中又有真实的行动。在稍微隐蔽的军事行动中，隐藏着大的军事行动；大的隐蔽的军事行动，又常常在非常公开的、大的军事行动中进行。总之，是以假象来掩盖真实，最终把虚假态势发展到极端，巧妙地转化为真实，而非虚假到底。

【简析】

本计计语出自中国古代哲学家老子《道德经》第 40 章："天下万物生于有，有生于无"。

老子揭示了万物的有与无相互依存、相互变化的规律。中国古代军事家尉缭子把老子的辩证思想运用到军事上，进一步分析虚无与实有的关系。

《尉缭子·战权》中说："战权在乎道之所极，有者无之，安所信之？"主张以"无"道假象迷惑敌人，乘敌人对"无"习以为常之际，化无为有，以虚为实，出其不备，打击敌人。

可见，本计的特点是，制造一种假象，有意让敌人识破，使之失去警惕，然后又化无为有，化假为真，化虚为实；真的攻击敌人了，而敌人却依然以为是假的，不做防备，从而为我所乘，战而胜之。

"无中生有"之计，不是真实意义上的瞒骗，而是将某些假象示于对手，使对方相信它的真实性，然后把这些假象突然变为现实，让对方毫无心理准备，措手不及，从而击败对手。

此计谋可以理解为以下几种含义：

一是凭空捏造事实，处处散布谣言，把本来不存在的东西说成存在的，让对方思想混乱。其目的是乘机消灭敌人，获取利益。

二是以假乱真，把假的东西装扮成真的，最后再将其巧妙地转换成真的。以此来迷惑敌人，使敌人掉以轻心，从而趁势将其打败。

【战例】

骊姬立太子

"无中生有"之计，常常被一心想夺权篡位的人用在政治斗争中，通过诬陷他人，达到自己的政治目的。

公元前 663 年（晋献公十五年），晋国打败骊戎（古族名）。骊戎求和，便把爱女骊姬献给了献公。由于骊姬年轻貌美，风韵十足，献公对她非常宠爱，很快便把她封为正室夫人。骊姬逐渐博得了晋献公的信任，开始参与朝政。

后来，骊姬生下一男婴，取名奚齐。骊姬一心想要晋献公把奚齐立为太子，以继承王位，好让自己日后能更加尊贵。可是，当时晋国已立献公已故夫人齐姜所生的申生为太子，骊姬非常苦恼。

晋献公有位宠爱的戏子叫小施，和骊姬有私情，骊姬便问小施："我要立奚齐为太子，但是担心申生、重耳、夷吾诸公子反对，该怎么办呢？"

小施说："把他们早点安排好，让他们知道自己的地位已经到顶点，再爬不上去了，这样就不会垂涎国君的位置了。"

于是，骊姬买通晋大夫梁五和嬖五，指使他们对晋献公进言："曲沃（今山西省闻喜县东北）这个地方，是晋国祖庙所在，最好派太子申生去镇守，蒲城（今山西省吕梁县）和南北屈（今山西省石楼县东南），是边防要塞，最好派公子重耳、夷吾分别防守。"

献公中计，骊姬又半夜三更在献公面前哭诉说："我听说，申生很会收买人心，恐怕要对您行凶，夺取王位。"

献公说："申生怎么可能爱他的百姓，却不爱他自己的父亲呢？"

骊姬看出献公仍然信任太子，便使出"无中生有"，搬弄是非的计策。

一日骊姬劝晋献公召回太子，太子见过晋献公后去拜见骊姬。骊姬故意请太子吃饭，言谈甚欢。第二天，太子入宫谢恩，骊姬又请他吃饭。当晚骊姬向晋献公哭诉，说太子调戏她，还狂言"我父亲现在已经老了"这样的话。晋献公不信，骊姬便借与太子一起去皇家动物园郊游的机会，让献公在台上观察。

第二天，骊姬先在头发上涂了蜂蜜，让蜜蜂都聚集在她的头发旁边。然后对太子说："太子您可不可以帮我赶走它们呢？"

太子于是便忙着在她的身后用袖子赶着蜜蜂，晋献公看见后，以为调戏的事情是真的，心里非常生气，马上就想把太子给杀了。

骊姬跪下来恳求说："我叫太子回来，他却被杀，是我害了他。而且皇宫里的这些事，外人会说三道四的，忍忍吧。"

晋献公便怒气冲冲地把太子赶回了曲沃，并命令手下暗中收集太子的罪证，伺机废掉他。

有了这些铺垫，骊姬的计划变得如鱼得水。一日，趁着太子申生从曲沃送来一块祭肉给晋献公的机会，骊姬暗中在祭肉中放入鸩毒，然后用谋杀献公之名加罪于太子，又诬陷重耳、夷吾也参与了申生的阴谋。结果，重耳、夷吾被逼到了狄国和梁国，申生身背恶名，无法洗雪，自缢而死。骊姬见时机成熟，便逼着献公立奚齐为太子。

奸诈狡猾、献媚取怜的骊姬，接连用了几个"无中生有"、搬弄是非的伎俩便将晋献公宠爱的公子陷害，顺利达到了立太子的目的。让我们在感叹晋献公如此偏听偏信的同时，也为公子的出走、太子的冤屈深感惋惜！"无中生有"之计，为恶人所用，着实害人！

张仪渡难关

"无中生有"之计，曾经帮助战国时期著名的谋略家张仪，渡过了穷困潦倒的难关。

张仪早年在楚国逗留期间，没有受到楚怀王重用。因此，长期的闲居让他的日常开销都成了问题，随从们更是对他埋怨不已。张仪却不紧不慢地告诉大家，很快就可以摆脱窘境。

几天后，张仪向楚怀王辞行，到郑国去寻求发展。楚怀王原本就不喜欢他，便很痛快地答应了。

张仪对楚怀王说："这些日子，大王待我很好。下次我再来楚国，一定要给您带点郑国的土特产。"

楚怀王大笑："楚国应有尽有，郑国能有什么稀奇东西，你用不着给我带什么。"

张仪说："是呀，郑国是没什么稀奇东西，但郑国的美女却是闻名天下。听说那儿的美人个个都像仙女下凡，大王您对这样的土特产也不感兴趣吗？"

生性好色的楚怀王听了心花怒放，立刻就赏赐了张仪许多金银珠宝，让他到郑国去多置办些"土特产"回来。

张仪回到住处，马上就让随从们到处大肆宣扬他要到郑国帮楚怀王选美女的消息。很快，这件事就如张仪所料，传到了南后和宠妃郑袖的耳朵里。她们怕失宠，赶紧找来张仪，求他不要去郑国给楚怀王选女。张仪却借口答应了楚怀王，不好失言。

南后和郑袖见状，立即送给张仪一大堆金银财宝，张仪想了想便对她们说："这样吧，等我离开楚国，向大王辞行时，两位如果亲自来送我，我就有计策让大王打消寻找郑国美女的念头。"南后和郑袖纷纷点头。

过了两天，楚怀王为给张仪饯行而大摆酒宴，南后和郑袖也主动要求陪同。当南后和郑袖给张仪敬酒时，张仪马上跪倒在楚怀王面前，拼命磕头求饶："我罪该万死。请大王治罪！"

楚怀王一头雾水，于是问道："你犯了什么罪？"

张仪说："我犯了欺君之罪啊。大王，我原本以为郑国的美女无人能比，可今天见到您的两位爱姬，才知道，原来天下最美的女人就在大王您的身边。所以我说犯了欺君之罪，请大王治我的罪吧！"

听了这话，楚怀王才明白自己被张仪骗了，但因为两个爱姬在场，又不能辩解，只好顺势给自己找台阶："寡人早就说过两个爱姬才是天下最美的美人，郑国的土特产不过是寡人和你开个玩笑罢了，念你平日一片忠心，就饶你无罪吧。"

落魄的张仪利用楚怀王好色和宠妃嫉妒的弱点，以"无中生有"之计，一箭三雕。一方面通过让楚怀王向往郑国的美女，从其身上骗得了大量的财物；另一方面又通过散布消息激起了宠妃的嫉妒之心，让她们心甘情愿地送上钱财，解决了自己的生活困难；最后还巧妙地促成宠妃参加酒宴，让楚怀王碍于形势，无法责怪自己，最终逃过杀身之祸。

第八计　暗度陈仓

【原典】

示之以动①，利其静而有主②，益动而巽③。

【注释】

①动：行动，动作。示之以动：故意把佯攻的行动暴露在敌人面前。

②静：平静。主：主张。利其静而有主：利用敌人已经决定固守的时机。

③益动而巽：语出《易经·益》卦。益，卦名。此卦为异卦相叠（震下巽上）。《益卦》的《象》辞说："益动而巽，日进无疆。"这是说益卦下震为雷为动，上巽为风为顺，那么，动而合理，是天生地长，好处无穷。

【译文】

故意暴露自己的行动吸引敌人，让敌人因不明就里被牵制在某地集结固守，然后我方则利用这个时机，偷偷迂回到敌人的背后发动突袭，攻敌不备，出奇制胜。事物的增益，因为变动而顺达。

【简析】

此计是利用敌人被我"示之以动"的迷惑手段所蒙蔽，而我即乘虚而入，以达军事上的出奇制胜。

"暗度陈仓"根据历史故事"明修栈道，暗度陈仓"而来，前提即"明修栈道"。意思是指在双方对峙的时候，公开地展示一个让敌人觉得愚蠢或者无害的战略行动，以使敌人松懈。

而在公开行动的背后，我方却有真正的行动，趁敌人被假象蒙蔽而放松警惕时，悄悄地迂回到另一处偷袭，给敌人以措手不及的致命打击，自己则在没有遭到任何抵抗或防备的情况下，出奇制胜。

出奇制胜，产生于正常的用兵之法。只有诱使敌人按照正常的用兵原则来判断我方的行动意图，才能达到此目的。所以，"暗度陈仓"，必须先用"明修栈道"来吸引并转移敌人的注意力。

"暗度陈仓"和"声东击西"有相似及不同的地方。

相似之处在于：两者都是虚张声势，先制造一种假象迷惑敌人，然后在假象的掩盖下，采取真实行动。

不同之处在于："暗度陈仓"是同时采取真假两个行动，表面上采取一个对敌方无碍的行动或采取让敌方觉得可笑的行动，比如"明修栈道"，来麻痹敌人；暗中却施行一个给敌人致命打击或有力扩张我方的行动，比如"暗度陈仓"。而"声东击西"则是同一个打击行动背后有真假两个目标。有意用假目标把敌人引开，以实现那个真目标。

而要用好"暗度陈仓"计，需要重视和把握以下几点：

第一，"暗度陈仓"是双管齐下的策略。因此，要求"双管"缺一不可，鼎力配合。一明一暗，要呼应得十分适宜。这一点很重要，应该成为运用此计的基本思路。

第二，"暗度陈仓"之计，关键在"暗"。能暗中行事，拥有竞争取胜的主动权。在实施此计时，不仅要有清晰而明确的意图和目的，更要巧妙地将自己的真正意图和目的隐藏起来，而且隐蔽得越深、越好，就越可能攻对方于不备，使之措手不及而取胜。

第三，"暗度陈仓"需要"明修栈道"做铺垫。用故意暴露行动的办法，掩盖暗中进行的大行动，更有效果。这个"明"是假象，是迷惑和引诱对手的示形示弱。因此，做得越好，就越能让对方相信这是真实，从而产生错觉，导致决策和方略的失误。对方错觉越多，对实现谋略一方就越有利。

第四，运用"暗度陈仓"计策的一方，要有相应的实力作后盾，否则效果未必很好。在战争中，如果用计一方兵力太弱，即使暗度成功，也会因为兵力不济，极有可能面临被歼的结局。

第五，运用"暗度陈仓"计策时，一定要随时提防被对手识破。竞争是残酷的，双方都会竭尽全力、斗智斗勇。而竞争的结局，不仅是两强相遇勇者胜，更是技高一筹者为王。因此运用此计时，不仅要计划周全、缜密，而且要有被识破的思想准备，要有被识破之后的应对之策。只有这样，才能保全自己。

第六，在用计的整个过程中，要时刻注意观察对方，有效收集竞争对手的行动信息，重视分析、研究对手的动向，然后根据对手的变化调整自己的思路，同时还要不断思考自己的行动和修正自己的策略，方能步步为营。

【战例】

韩信献计刘邦

秦朝末年，政治腐败，群雄并起，纷纷反秦。刘邦的部队首先进入关中，攻进咸阳。势力强大的项羽进入关中后，逼迫刘邦退出关中。

在那之后，刘邦无奈接受项羽所封汉王，至成都就国。他在到达秦岭时故意烧毁了部分栈道，表示已无北归之意，以懈怠项羽的猜忌。但到了汉中，即休养生息，训练士卒，用韩信为将。

韩信向刘邦建议："争夺天下，应先攻击雍王章邯、塞王司马欣和翟王董翳，因为这三人原是秦朝降将，他们原率的秦军二十余万都被项羽诈坑而死，所以秦民对他们恨之入骨；而大王除秦法，与民约法三章，秦民无不盼望大王统治关中，所以三秦可传檄而定。"

刘邦欣然同意，就派兵在褒谷（今陕西勉县褒城镇北）、斜谷（今陕西眉县西南）佯修栈道，而自己亲率大军偷偷越过陈仓（今陕西宝鸡市西），突然回袭关中。塞王司马欣、翟王董翳兵败投降；雍王章邯被围于废丘（今陕西兴平东南），不久自杀，关中完全平定。从此，刘邦以关中为基地，东向与项羽逐鹿中原。

曹操为平定北方，先与袁谭联姻

官渡之战，东汉末年"三大战役"之一，也是中国历史上著名的以弱胜强的战役之一。

公元 199 年六月，官渡之战打响了，经过一年多的对峙，以曹操的全面胜利而告结束。曹操以两万左右的兵力，出奇制胜，击破袁军十万。这个战例成为中国历史上以弱胜强，以少胜多的著名战例。曹操在官渡之战后声名大振，而袁绍就不一样了，自从军队被打败之后，袁绍发病吐血，在公元 202 年夏季五月的时候死去。但袁绍的儿子和女婿仍握有重兵。小儿子袁尚接替他的官职，长子袁谭自称车骑将军，驻扎在黎阳。

秋季九月，曹操发兵征讨他们，连续交战，袁谭、袁尚屡次战败退却，坚守黎阳城。城坚难攻，曹操暂时放弃攻城。时间到了公元 203 年，曹操打算采用各个击破的办法，一举消灭袁氏的残余势力。当曹操首先进攻占据黎阳的袁绍长子袁谭时，袁谭在抵挡不住的情况下火速向袁绍幼子袁尚求助。二袁合兵，加上城坚难攻，相持数日，仍然毫无进展。曹操无奈之下，转而南征荆州的刘表。袁氏两兄弟见曹操撤兵而去，便开始了争夺继承权的内讧，并大打出手。袁谭兵败，逃到平原，被袁尚团团围住，攻打甚紧，袁谭只好向曹操求援。

曹操采用了荀攸的计策：为了平定北方，选择先与袁谭联姻。终于在公元 204 年 8 月扫清了袁尚的势力。公元 205 年，又消灭了袁谭，一下子拥有了冀州全境。从此曹操在北方再无后顾之忧。

第九计　隔岸观火

【原典】

阳乖序乱，阴以待逆[①]。暴戾恣睢[②]，其势自毙。顺以动豫，豫顺以动[③]。

【注释】

①阳、阴：指敌我双方两种势力。乖：分崩离析。待：等待。逆：混乱、暴乱。全句意为：敌方众叛亲离，混乱一团，我方应静观其变待其发生大的变乱。

②暴戾：横暴凶残、穷凶极恶。恣睢：怒目相视、反目仇杀。

③顺以动豫，豫顺以动：采取顺应的态度，不逼迫敌人，让其内部自相残杀，我方顺势取利。即阴阳相应，天地之间任你纵横，何况建诸侯国、出兵打仗呢？语出《易经·豫》卦。豫，卦名。本卦为异卦相叠(坤下震上)。《豫卦》的《象》辞说"豫，刚应而志行，顺以动。"意即豫卦的意思是顺时而动，正因为豫卦之意是顺时而动，所以天地就能随和其意，做事就顺当自然。

【译文】

敌人内部矛盾趋于激化和表面化，秩序混乱。我方表面上回避敌人的暴乱，暗地里则等待其内部争斗的发生。等敌人反目成仇，势必自取灭亡，不攻自破，我方顺其自然，必有所得。这是豫卦的原理：能够顺应时机而行动，就会有好的结果。

【简析】

此计正是运用本卦顺时以动的哲理，坐观敌人的内部恶变，我不急于采取攻逼手段，顺其变，"坐山观虎斗"，最后让敌人自残自杀，时机一到而我即坐收其利，一举成功。

"隔岸观火"之计在运用上可能有两种情况：一是首先坐观敌方因内部冲突而出现自相攻击和残杀的混乱局面，然后选择有利的时机，对敌实施毁灭性的打击；二是坐待敌人内部出现矛盾，利用其一方消灭另一方，然后再消灭或收服剩下的一方。

虽然是乘敌人遭遇天灾、内乱，或内忧外患交加的困境之际，给以打击，从而捞取军事、政治、经济等方面的好处，但是这种招法，用不好就会惹火上身，以至自焚。

如果一个国家或一个集团遭遇天灾或内乱之火，而它的整体力量又没有在火中烧光，来自外部的打击，就会使国家或集团内部的矛盾势力结成一个整体，同仇敌忾，一致对外，抵抗与反击打劫者，消灭打劫者。

因此，如果要打击并消灭敌人，不能盲目地趁火打劫，要先袖手观望，看火势发展，等待火势蔓延，从内部烧垮敌人的有生力量，坐收渔利，这才是隔岸观火的精髓。

另外，运用本计谋必须有两个必要条件，一是要有"火"可观，即敌方内部发生混乱；二是要有"岸"可隔，因为在无"岸"的情况下必然会引火烧身。而"观火"的方式多种多样，其主要的方式有：袖手旁观、静而暗观、退而远观、顺而动观。

【战例】

韩琦中立解尴尬

在日常生活中，经常会遇到身边人为一件小事争得面红耳赤，你夹在中间，劝也不是，不劝也不是的情况。怎么办呢？宋代的韩琦为我们提供了一种很好的解决方式。

韩琦曾经同范仲淹一道提倡实行新政，北宋时他长期担任宰相职务，在战场上是位英勇杀敌的将军。抵御西夏时，曾有"军中有一韩，敌人听了就胆寒"的威名。而在为人处世上，他同样能做到隐忍不发，成熟练达。

有一年，他与同僚王拱辰、叶定基等人在开封府主持科举考试，王、叶二人经常为考生试卷的好坏争得面红耳赤，韩琦生性好静，并不恼火，只是听而不闻，视而不见，坐在桌前专心判卷。

没想到树欲静而风不止，王拱辰见自己同姓叶的都吵成这样了，韩琦却能心安地坐着当什么事也没有发生，心中很是生气，便跑过来对韩琦嚷道："我说你在这里练习气度呢？"

韩琦听了这带刺的话，不但不生气，反而赶紧好言好语地赔不是说："实在对不起，我刚才没听，不知你们在争论什么事啊！"

同处一室，二人大声争吵，韩琦不可能没听到。但是当二人都吵得不可开交时，你该向着哪一方？你无论向着谁，另一方都会很不高兴的。这不，韩琦本想置身事外，装着什么都没听到，没想到王拱辰已经跳出来向他吹胡子瞪眼了。

而让人钦佩的是，韩琦竟然反过来给没事找事者赔不是。这样一来，王拱辰再没什么话可说了。当下正吵得面红耳赤的二人都觉得再吵下去没什么意思，也便不再做声了。事后，大家一点火气都没有了，韩琦又耐心地做了二人的工作，很容易就把事情解决了。

历史上，人们评价韩琦时，说他"器量过人，生性淳朴厚道，不计较疙疙瘩瘩一类的小事……不管什么情况下，他都能做到泰然处之，不被别的事物牵着走"。在这一件事上，韩琦又是怎样泰然处之的呢？

那就是保持中立。没错，当处于这种夹缝之中，左右不是时，保持中立，隔岸观火，是此时最好的防身策略。

秦王赐剑白起

战国后期，秦将武安君白起在长平一战，全歼赵军四十万，赵国国内一片恐慌。白起乘胜连下赵国十七城，直逼赵国国都邯郸，赵国指日可破。赵国情势危急，平原君的门客苏代向赵王献计，愿意冒险赴秦，以救燃眉。赵王与群臣商议，决定依计而行。

苏代带着厚礼到咸阳拜见应侯范雎，对范雎说："武安君这次长平一战，威风凛凛，现在又直逼邯郸，他可是秦国统一天下的头号功臣。我可为您担心呀！您现在的地位在他之上，恐怕将来您得不位居其下了。这个人不好相处啊。"

苏代巧舌如簧，说得应侯沉默不语。过了好一会儿，才问苏代有何对策。苏代说："赵国已很衰弱，不在话下，何不劝秦王暂时同意议和。这样可以剥夺武安君的兵权，您的地位就稳如泰山了。"

范雎立即面奏秦王。"秦兵劳苦日久，需要修整，不如暂时宣谕息兵，允许赵国割地求和。"秦王果然同意。结果，赵国献出六城，两国罢兵。

白起突然被召班师，心中不快，后来知道是应侯范雎的建议，也无可奈何。

两年后，秦王又发兵攻赵，白起正在生病，改派王陵率十万大军前往。这时赵国已起用老将廉颇，设防甚严，秦军久攻不下。秦王大怒，决定让白起挂帅出征。

白起说："赵国统帅廉颇，精通战略，不是当年的赵括可比；再说，两国已经议和，现在进攻，会失信于诸侯。所以，这次出兵，恐难取胜。"

秦王又派范雎去动员白起，两人矛盾很深，白起便装病不答应。

秦王说："除了白起，难道秦国无将了吗？"于是又派王陵攻邯郸，五月不下。秦王又令白起挂帅，白起伪称病重，拒不受命。秦王怒不可遏，削去白起官职，赶出咸阳。

这时范雎对秦王说："白起心怀怨恨，如果让他跑到别的国家去，肯定是秦国的祸害。"

秦王一听，急派人赐剑白起，令其自刎。可怜，为秦国立下汗马功劳的白起，落到这个下场。

当白起围邯郸时，秦国国内本无"火"，可是苏代点燃范雎的妒忌之火，制造秦国内乱，文武失和。赵国隔岸观火，使自己免遭灭亡。

火烧赤壁

公元 208 年，诸葛亮说服了东吴的孙权，与刘备结成联盟，共同对抗来犯的曹操。

当时曹操的八十三万人马在长江以北扎下大营，东吴都督周瑜则率领吴军在长江以南驻扎下来。两军驻地对岸有一座高耸入云的石山突入江滨，上刻"赤壁"两个大字。曹操对周瑜的这场大战就被称为"赤壁之战"。

周瑜用连环计，使不习惯水战的曹操上了当。

　　曹操把所有的战船在长江上三五十为一排，首尾用铁环连锁，上铺阔板，他以为这样就可以使他手下的步兵渡江如履平地了。但周瑜的意图却是借东南风，火烧曹操那些连在一起的战船。

　　战事开始之前，周瑜请诸葛亮到军中议事、占风。接着诸葛亮回到刘备身边，并和刘备一起登上樊山观望长江中的火攻大战。他们怡然自得地坐在山上，观察远处孙权、周瑜同自己的死敌曹操大战的情况，并利用东吴赤壁大战的胜利，火中取栗，不断扩展自己的势力。

第十计　笑里藏刀

【原典】

信而安之^①，阴以图之^②，备而后动，勿使有变^③。刚中柔外也^④。

【注释】

①信：使相信。安：使安然，不生疑心。信而安之：让对方深信不疑，安定身心。

②阴：暗地里。图：图谋。阴以图之：暗地里对其有所图谋。

③备：这里指充分准备。变：发生意外的变化。

④刚中柔外：表面软弱，内里却强硬。

【译文】

让对方相信自己，并使其麻痹松懈，我方则暗中策划，充分准备，一有机会，立即动手，不要引发对方的意外变故。这就是内藏杀机、外示柔和的谋略。

【简析】

该计策的最大特点就是运用广泛，而且可以无师自通。笑容本是人类一种美好的表情，俗话说拳头不打笑脸人，笑里藏刀之所以能够成为一个百试不爽的计谋就是因为他击中了人性中最常见的弱点。

"笑里藏刀"原意是指表面和气，内心阴险狡猾的两面派。它的同义词是"口蜜腹剑"、"两面三刀"、"阳奉阴违"等。玩弄奸计的人，往往是口甜如蜜，心如毒蝎。表面上笑口常开，暗地里磨刀霍霍。

因此，此计的含义可以从以下几个特征进行理解：首先是口蜜腹剑。即嘴里说的话比蜜还甜，心里却藏着一把杀人的利剑，时刻准备趁对方不备时下手。其次是假装柔弱和顺从。表面上对敌人谦恭和善、温柔顺从、心悦诚服，骨子里却阴毒无比，心怀异志。

运用此计的关键在于一个"笑"字。

笑必须自然真实，掌握好分寸，才能使敌人产生信任而安定身心。如果笑得做作，笑得过火，反而会适得其反，引起对方的警觉。

运用这一谋略的人，笑的方式多种多样，有的曲意求和，有的阿谀奉承，有的故意示弱。无论何种方法，"笑"的最终目的是"藏刀"。不论何时何地，"刀"要尽可能隐藏得深，一旦暴露，就很容易被敌人识破。而"刀"终是要杀敌的，可以明出，也可以暗出。但一定要迅速果断，干净利落，这样"笑"才不是浪费。

【战例】

公孙鞅修书占吴

战国时期，秦国为了对外扩张，必须夺取地势险要的黄河崤山一带，派公孙鞅为大将，率兵攻打魏国。

这吴城原是魏国名将吴起苦心经营之地，地势险要，工事坚固，正面进攻恐难奏效。公孙鞅大军直抵魏国吴城城下，苦苦思索攻城之计。他探到魏国守将是与自己曾经有过交往的公子行，心中大喜。马上修书一封，主动与公子行套近乎，说道：虽然我们俩各为其主，但考虑到我们以前的交情，还是两国罢兵，订立和约为好。

念旧之情，溢于言表，他还建议约定时间会谈议和大事。信送出后，公孙鞅摆出主动撤兵的姿态，命令秦军前锋立即撤回。公子行看罢来信，又见秦军退兵，非常高兴，马上回信约定会谈日期。

公孙鞅见公子行已钻入了圈套，暗中在会谈之地设下埋伏。

会谈那天，公子行带了三百名随从到达约定地点，见公孙鞅带的随从更少，而且全部没带兵器，更加相信对方的诚意。

会谈气氛十分融洽，两人重叙昔日友情，表达双方交好的诚意。公孙鞅还摆宴款待公子行。公子行兴冲冲入席，还未坐定，忽听一声号令，伏兵从四面包围过来，公子行和三百随从反应不及，全部被擒。

公孙鞅利用被俘的随从，骗开吴城城门，占领吴城。魏国只得割让西河一带，向秦求和。秦国用公孙鞅笑里藏刀计轻取崤山一带。

姬光用计

吴公子姬光对吴王僚即吴国王位十分不满，虽然表面上对吴王僚毕恭毕敬、唯命是从，但心里却无时不在觊觎王位。

伍子胥从楚国逃到吴国，姬光见他勇猛侠气、智勇双全，便把他纳为知己。伍子胥又将他的朋友——吴国勇士专诸推荐给姬光，姬光器重之。三人密谋：待时机成熟，就刺杀僚王。

姬光探知，吴王僚最喜爱吃炙烤出来的鱼肉，便让专诸专心学习炙鱼的烹饪方法。吴王僚12年，楚平王去世，吴王派公子盖余、烛庸领兵欲趁楚丧而攻打楚国，反而被楚军围困；这时，吴公子庆忌正出使卫、郑二国，姬光见吴王僚身边的大将都不在国内，认为时机成熟，急忙与伍子胥、专诸商议刺杀僚的策略。

姬光假惺惺、笑盈盈地邀请吴王僚前来吃炙鱼，吴王僚为防万一，身上穿了三层甲衣，一路上布满警卫，并带上一百名贴身警卫进入姬光家。

姬光满面笑容地同吴王僚入座就席。席间，姬光假称脚痛而离席，专诸在吴王僚警卫的重重夹带下，手捧一碟香美的炙鱼来到吴王僚面前，突然，专诸飞快地从鱼肚里抽出"鱼肠"短剑，使劲地刺入吴王僚的怀里，短剑穿过三甲、从吴王僚的背部刺出，吴王僚当场死亡，专诸也被吴王僚的警卫乱刀砍死。

姬光、伍子胥率数百名伏兵从两侧杀出，迅速解决了吴王僚的卫队。姬光于是继吴王位，名号阖闾（庐）。

第十一计　李代桃僵①

【原典】

势必有损②，损阴以益阳③。

【注释】

①僵：干枯。李代桃僵：用优等的代替劣等的，用有用的代替无用的。

②势：局势。损：损失。

③阴：指某些细微而局部的事物。阳：指整体而全局性的事物。损阴以益阳：当战局发展到自己必须要以某种损失、失利为代价才能取得最终胜利时，指挥者应当机立断，牺牲某些局部或暂时的利益，以保全或争取全局的、整体性的胜利。这是我国古代阴阳学说中阴阳相生相克、相互转化的智慧。

【译文】

当局势发展到不得不遭受损失时，就舍弃次要利益，以保全重要利益的增值。

【简析】

"李代桃僵"原意是指李树代替桃树受虫蛀，用来比喻兄弟休戚与共的情谊。后来引申为相互替代、代人受过等行为。此计中"李"是牺牲方，"桃"指受保全方。"桃"、"李"能相互替代，而"桃"比"李"更具重要性。

作为敌战计，是一种借助某种手段，以一种事物的损失、牺牲，换取另一种事物的安全、成功的谋略。两军对敌，各有长短、优劣，相持不下。而长短、优劣有可能不断交叉突现。无论是哪一方，都很难取得全胜。决定胜负的，虽在于长短之比较，但也不全然。自古以来，就有以弱胜强、以短克长、以劣取优的战例，其胜之秘诀，在用谋设计。

而政治舞台或商业竞争中两军对垒时，想绝对地获益往往也不现实，很多时候需要付出一定的代价。此时的原则是：两利相权取其重，两害相权取其轻。顾大局，看长远，保大利。

指挥者要胸怀全局，善于用小的代价，换取大的胜利。而在理解、实施"李代桃僵"计策的过程中，应当注意和善于把握几个方面：

第一，高瞻远瞩，有敏锐的眼光和敢于决断的魄力，这是运用此计的先决条件。不懂得取舍，被优柔寡断、目光短浅所累，往往难以做出正确的决策，从而失去许多大好时机。

第二，"李代桃僵"之计，其深意在舍小取大，吃小亏占大便宜。是为了通过某种人为转换，取得优势和胜利而设的策略。因此，"舍"要真舍，"吃小亏"也须是真吃，要能忍痛割爱，才能引对方上钩。

第三，"李代桃僵"之计，其真谛在"代"上。因而运用此计时，必须对"代"的问题深思熟虑：谁代，谁能代，用谁去代最好，如何代等等。对这些问题都要周全谋划，做出安排。

第四，"李代桃僵"之计，一般都运用于局势发展到必然有损失时。不失小，便失大，不能舍弃局部，就得全盘皆输。对方瞄准的本身就是你的全局，目的就是要从根本上打垮你、歼灭你，让你无法保全。在这种情况之下，欲用此计，核心是"舍"，要会舍，善舍，以"舍"保平安。

【战例】

完子以身殉国

政治斗争十分残酷，在不得已的情况下，灵活运用"李代桃僵"之计，可以收到"丢车保帅"的效果，从而保存实力，以换取更大的胜利。

春秋末期，齐国大夫田成子独揽大权。当时齐国正面临内外交困的局面，在内百姓怨声连天，在外各诸侯国不服。田成子一直苦无良策。

祸不单行，这时，越国又以其篡权诸侯为由，准备出兵攻打齐国。田成子一下便慌了手脚，急忙召集幕僚商量对策。

有人说："越国来犯，实在欺人太甚，我国兵力虽不如越国强大，但如果动员全国军民，共同抗敌，还是有希望的。"

有人说："时下国内人心浮动，许多臣民还没有来得及享受到大王的恩惠，恐怕他们都不愿意倾城出动。"

有人建议："大王何不效仿他国，割让几个城池给越国，兴许可以化干戈为玉帛。"

田成子在心里琢磨：倾城出动迎敌，不仅耗费太大，而且不一定能取胜。现在自己地位还不稳定，闹不好还会出现反戈一击的局面。割让城池也非上策，自己刚刚掌权，就舍城弃池，将来没有建立威望的基础，一定后患无穷。

正当田成子殚精竭虑时，他的哥哥完子献出一计："我请求大王准许我率领一批精兵强将出城迎敌。迎敌一定要真打，打一定要战败，不仅战败而且一定要全部战死。如此，可退越兵，保全国家。"

此言一出，满座皆惊，田成子不解地问："出城交战可以，可是一定要败，败还一定要死，我就不明白了。"

完子从容地答道："你现在占据齐国，老百姓不了解你的治国本领，也没有看到你的政绩。人们私下议论纷纷，说你是窃国之贼，于是不愿意为你打仗。现在越国来犯，又有不少骁勇善战之臣，认为我们蒙受了耻辱，急于出兵迎战。这样混乱的齐国实在令人担忧。"

"兄长所言极是，可是为什么非得你去主动战死才能保全国家呢？难道没有别的办法吗？"田成子面对仁爱而又勇猛的哥哥仍苦思不得其解。

完子说："越国出兵无非是要在诸侯面前显显威风，捞个正义的名声。以它现在的实力完全吞并我们还不可能。我带领一批贤良之士，出城迎敌，战而败，败而死，这叫以身殉道。越国一看杀死了大王的兄长，教训我国的目的达到了，就会退兵回城。而随我战死的那些人也了了为国捐躯的心愿，这样一来，国内的人心也就稳定了。所以，依我来看，这是最好的救国之道了。"

田成子边听边落泪，无奈，听从了兄长的建议，哭着为他送别。完子以身殉道，最终救了齐国。

在这个故事里，完子正是在权衡各方面利弊之后，果断决定"李代桃僵"，以己之死，保全国家，才最终让齐国得以安定。

曹洪救曹操

《三国演义》第六回，追赶董卓的曹操中了徐荣的埋伏，大败而逃。曹操被徐荣射了一箭，又被两个小兵刺下马来。正好曹洪赶到，杀了两个小兵，操视之，乃曹洪也。

操曰："吾死于此矣，贤弟可速去！"

洪曰："公急上马！洪愿步行。"

操曰："贼兵赶上，汝将奈何？"

洪曰："天下可无洪，不可无公。"

操曰："吾若再生，汝之力也。"

操上马，洪脱去衣甲，拖刀跟马而走。

这是曹洪的李代桃僵之计，值此大败逃命的当口，两个人一匹马，必须牺牲一个人才能保住另一个人的命。曹洪非常清楚，与曹操相比，自己的分量要小得多，如果一定只能一个人活下来，曹操活着的价值显然要比自己高得多。

因此，曹洪说出了"天下可无洪，不可无公"这样的名言，并毫不犹豫地让出了自己的战马，自己冒死保卫曹操逃命。

第十二计　顺手牵羊①

【原典】

微隙②在所必乘；微利在所必得③。少阴，少阳④。

【注释】

①顺手牵羊：趁机顺手把别人的羊牵走。军事上指利用敌人的间隙或薄弱之处，达到取胜和发展的目的。

②微隙：微不足道的小漏洞，小疏忽。

③微利在所必得：小的胜利也非得争到手不可，积小胜才可以成大胜。

④少阴：此指敌方小的疏忽、过失。少阳：比喻小胜利。此句意为，我方要善于捕捉时机，伺隙捣虚，用敌方小的疏漏获取我方小的得利。

【译文】

敌人出现的微小的间隙也必须趁机利用；发现微小的利益也要力

争获得。要善于利用敌人的微小疏忽和过失，为我方的微小胜利服务。

【简析】

顺手牵羊，顾名思义，是指趁机拿走原本属于别人的财物。后人形象地将其比喻为，趁敌人暴露出的小间隙，向其薄弱处发展，创造和捕捉战机，逐步消减对方的力量，增强与壮大自己的实力。这个增强与壮大，恰恰来自自己的敌人，而非别处。

从一般意义上说，这一计谋含有在完成任务过程中，看准对方空子，果断出击，顺势"捞"一把的意思。而这种空子是在双方对垒的过程中突然暴露的，不是事先能预料到的。

即顺手牵羊的"牵"，并不是专门去取、去要，原本的目的也并不是去牵"羊"，甚至还不懂得有"羊"可牵，但在做主事之同时，却无意中发现了"羊"这个可取之利。

而至于"微隙"能否利用，是否必胜，还要从全局进行考虑，不可因小而失大。另外这则计谋也是在告诉我们另外一个道理，做事需要从小处着眼，往往大的胜利就是从小胜开始，积小成大的。而机会的捕捉，又常常是从细致的观察和分析之中获得。

人们在对"顺手牵羊"计策的运用上，应重视掌握这样几点：

第一，理解好本计的内涵。"顺"指无意之间的捎带，而不是有意为之。要能顺手牵到"羊"，只能靠自己的观察、分析、寻找、捕获，抓住对方弱点，才可能有获胜的结果，这是最重要的。

第二，用好此计，关键在于主观努力。打胜仗时可用之，打败仗时也可用之。古今中外很多绝处逢生的战争，就是获胜方在最初大败之时还能静下心来观察局势，寻找和利用对手可能出现的过失，哪怕这过失极小，都可以让人反扑、回生、取胜。

第三，不要在不可顺手的情况下强行取利，要以大局为重，得之顺便，获之顺势。

【战例】

吕蒙献计平定荆州

三国时候吕蒙是吴国的一员大将。小时候他为依靠姐夫邓当，渡过长江来到南方。邓当是孙策手下的大将。吕蒙当时只有十五六岁，偷偷跟随邓当参加军事行动。邓当回头发现，大吃一惊，就呵斥吕蒙回去。吕蒙不听从，坚持前往。战争结束后，邓当把这件事告诉给吕蒙的母亲。吕蒙的母亲本打算责罚吕蒙。吕蒙说："贫穷低贱，让人实在难以过活。万一有幸立下战功，荣华富贵就指日可待了。更何况不入虎穴，焉得虎子？"母亲怜爱他，也就默认了他参军的事实，不再惩罚他。

几年后，邓当去世，张昭举荐吕蒙接替邓当，担任别部司马。等到孙权当政的时候，孙权想要合并一些小将领的部队，吕蒙在要合并的名单里。最后孙权却反而将吕蒙的部队兵力给增加了不少。这是因为当时吕蒙叫他的兵将都穿了深红色的军服和绑腿布。等到孙权检阅的那天，吕蒙的部队阵列赫然，动作划一，操练有气势。后来，吕蒙跟随孙权征讨黄祖，吕蒙统率先头部队进击，亲手砍下了黄祖手下大将陈就的头颅，因战功卓著，而在战争胜利后，被孙权任命为横野中郎将。而且吕蒙不仅仅作战勇敢，他还非常有谋略。例如，在后来解救夷陵守将甘宁的时候。当时，曹仁分兵包围夷陵守将甘宁。甘宁派使者向周瑜求救。吕蒙说服周瑜分派三百人堵塞要道，这样敌人在逃跑时，就会舍弃他们的马匹，到时候正好顺手牵羊。周瑜采纳了这个建议。东吴军队到达夷陵后，开始与曹军交战。曹军死伤过半，连夜逃走，走到被阻断的道路时，骑兵不得不舍弃战马徒步逃走。东吴将士在后面追击，获得三百匹战马，并用船运了回去。东吴将士一鼓作气，渡过长江，驻扎江北，与曹仁的军队对峙。不久，曹仁败退，东吴占据了南郡，平定了荆州。

李愬直捣蔡州

唐朝中期，各镇节度史都拥自己领地的军事和经济权，全然不把朝廷放在眼里。有的节度使还想自立为王，推翻大唐做皇帝。蔡州节度使的儿子吴元济就在父亲死之后，起兵叛唐。唐宪宗派大将李愬。担任唐州节度使，全力剿灭吴元济。

李愬到任后，先放风麻痹吴元济。散布说，我是一个懦弱无能的人。朝廷派我来，只是为了安顿地方秩序。至于攻打不攻打吴元济，与我无干。吴元济观察了李愬的动静，发现他毫无进攻之意，也就不把李愬放在心上了。

其实李愬一直在思考攻打吴元济老巢蔡州的策略。他意外擒获了吴元济手下的大将李佑，对其优待有加，感动了李佑。李佑告诉李愬，吴元济的主力部队都部署在洄曲一带，防止官军进攻，而防守蔡州城的不过是一些老弱残兵。也就是说明，蔡州是吴元济最大的空隙，如果出奇制胜，应该可以顺手牵羊，直捣蔡州，活捉吴元济。李愬在一个雪天的傍晚，率领精兵抄小路，直达蔡州，如天兵降临，神奇出现在蔡州城边，趁守城士兵还在呼呼大睡，爬上城墙，杀了守兵，打开城门，部队静悄悄涌进了城，攻下外城。吴元济从睡梦中醒来，仓促率将士到牙城抵抗，同时又派人前住洄曲求救。洄曲有吴元济手下大将董重质一万多人在据守。李愬入城后早已厚抚洄曲守将董重质的家属，并遣其子前去招降。董重质见大势已去，派人到蔡州向李愬投降。十月十二日，吴元济出城投降。李愬将吴元济装进囚车，押往长安。一场叛乱就此平定。

第三套　攻战计

攻战计，我方处于攻势时的策略。此计要求在战前必须知彼知己，果断勇敢地面对战争中所遇到的各种问题，采取积极的态势，寻求敌方的弱点。

第十三计　打草惊蛇①

【原典】

疑以叩实②，察而后动③；复者，阴之媒也④。

【注释】

①打草惊蛇：原意是通过打动草，而使隐藏在草里的蛇受到惊吓，四处逃窜。此处指发现敌方虚实情况的一种方法。

②叩：询问，寻求。叩实：问清楚，查明真相。

③察：查明情况。

④复：反复，一次次地。阴：此指某些隐藏着的、暂不明显或未暴露的事物、情况。媒：媒介。此处指实现计谋、目的所采用的手段或方法。

【译文】

发现了疑点就应当考实查究清楚，情况完全掌握了才可以采取行动。要反复侦察追究，而后采取相应的行动，这是发现隐藏之敌的重要方法。

【简析】

蛇一般是隐藏在草丛中的，发现蛇的前提就是打草，打草是为了惊蛇而做准备。如果地形不利，或者没有足够有力的工具打蛇，那么即使蛇已经暴露在我们面前，也要暂缓行动，以防蛇跑掉，失去机会。

在"打草惊蛇"中，"草"与"蛇"是性质完全不同而联系又极其紧密的两种事物。"蛇"依靠"草"进行隐蔽，"草"是"蛇"的保护伞。如果有敌情，"草"可以及时向"蛇"传递讯息。因此，"草"在一定程度上可以说是"蛇"这个敌人的同类。

"打草惊蛇"的目的有以下几个方面，可以帮助我们更好地理解此计：

一是惊出蛇。当前方道路不明时，可以通过打草或投石制造声响，敌人误以为我方已经行进到跟前，便会主动出击，结果暴露了自己。这是一种间接的侦察方法，火力侦察时的先行试点就属于此类应用，又称引蛇出洞。总之，都是为了了解蛇的位置、力量、意图、动向等情况，便于躲避，或将蛇引出来，将其消灭。

二是惊醒蛇。世界上的事物相互联系、相互影响，触动其一，往往会牵带许多相关的事物。可以利用此特点，打击惩处甲，以达到警告乙的目的，是一种间接警告的策略。

三是惊走蛇。要想把行进途中危险的蛇赶跑，可以通过打击路边的草得以实现，是一种有效而没有危险的计策。这种间接的驱赶方法尤其适用于不便或不愿意与敌人进行直接接触，而只需要将其赶跑的情况。

总之，当"打草惊蛇"作为谋略时，在敌方兵力没有暴露，行迹诡秘，意向不明时，切记不可轻敌冒进，应当充分掌握对方的主力配备、行进路线等状况后再做决定。

【战例】

刘备巧计保性命

"打草惊蛇"是沉着的较量。暴露与被暴露，相对的最后介质常常就是意志沉着。诸葛亮就曾利用自己的沉着稳健与聪明智慧，帮助刘备成功躲过了一次关乎性命的灾难。

刘备联合孙权在赤壁一战中打败了曹操。但是，刘备乘势夺取了孙权的荆州，让孙权的都督周瑜很生气，想伺机收回荆州。就在此时，周瑜忽闻刘备的夫人死了，正在办理丧事。他眉头一皱，计上心来，便不紧不慢地对鲁肃说："这次我们可以顺利取回荆州了！"

鲁肃问："何以见得？"

周瑜回答："刘备丧妻，一定会续娶。我主公有一个妹子极其刚勇，侍婢数百，房里刀剑林立，像一个兵营，连男人见了都会魂飞魄散。我今上书主公，派人去和刘备说亲，把他骗到这里来，然后将其软禁，再派人去讨荆州换刘备。"

鲁肃一听便觉是好计，连忙去见孙权，送上周瑜的亲笔信，顺便将计划说了。孙权也点头称赞，于是派吕范去做媒，吩咐务必要"招郎入宅"。

刘备一见使者，心里立刻明白，这分明是给我设好圈套让我钻呢，哪里是什么求亲好事啊。但是，鉴于当时孙权和刘备在表面上仍是盟友，如果刘备无缘无故拒绝这门亲事，孙权便有充分理由发兵攻击，夺回荆州了。如果是这样，刘备兵弱将少，势必不堪一击，失地丧身。

真是两难呀！刘备忙叫来诸葛亮商量，说担心入赘东吴，难以归返。诸葛亮一听，竟立刻夸刘备艳福飞来，为其大讲联姻的好处。刘备便决定带赵云一起前往。临行时，诸葛亮交给赵云三个锦囊，并仔细教给他如何使用。

到了东吴，赵云打开第一个锦囊。看了计策，唤来随行的五百军士，一一吩咐要怎么做，众军便领命去了。然后，赵云又按照锦囊指示让刘备去拜谒孙策和周瑜的岳父乔国老。刘备送了乔国老一份厚礼，并称蒙孙权看重，来这里做个"入门郎"。那五百军士这时都披红挂绿的，在城里买办喜事用的东西。刘孙联姻的事，顷刻间便传遍了全城。

乔国老见过刘备后，立刻入宫向吴国太也就是孙权的母亲贺喜。国太愕然，问喜从何来？

乔国老笑着说："还想瞒了我这杯喜酒？令爱孙小姐已被许配了刘备。新郎都已到这里来了。"

国太大惊说："真的吗？怎么连我也不知道？"

国太立即派人去打听，全城果然都已经知道孙刘联姻。国太知道后怒气冲天，随即把孙权召来，训斥了一番。孙权密告国太，说这不是真的联姻，是骗刘备来换取荆州。

"什么？"国太大发雷霆，厉声骂道："你和周瑜统领六郡八十一州，竟然无计策去取荆州，开始拿我的女儿去设美人计，杀害刘备。日后，我女儿岂不是做了望门寡吗？"

孙权在一旁面红耳赤，呆若木鸡。

乔国老也在一旁建议说："用此计取荆州，也会被人耻笑。不如将错就错，真个把刘备招做女婿吧！刘备好歹也算得上英雄呢！"

"那怎么行？"孙权说："刘备已年过半百，而我妹妹正二八少年，黄花闺女。"

"我可不管。"国太说，"我明天要见见刘备，如不合意，随你处置；若是合意了，就是我的女婿！"

第二天，国太约刘备在甘露寺相见，一见便中意了。刘备年纪虽然大些，却神采奕奕。国太随即吩咐孙权说："刘备既然成了我的女婿，便是我的儿女，今后你不许加害于他！"

诸葛亮使用"打草惊蛇"之计，帮助刘备成功破解了孙权的阴谋，不仅保住了荆州，保全了刘备的性命，还赚回了一个年轻貌美、如花似玉的夫人。此例中，"草"是乔国老及全城百姓，"蛇"是国太。

诸葛亮利用乔国老及全城百姓的舆论造势，让国太掌控了整个事件，最终使刘备招亲一事在民间流传极广，经久不衰。

阴姬如愿以偿做王后

中山国国王的两个爱妃阴姬和江姬都想做王后，私下里钩心斗角，争夺十分激烈。她们之间的争夺对于中山王的谋臣司马喜来说，是一个谋求个人发展的良好机缘。

老谋深算的司马喜暗中求见阴姬，一本正经地对她说："争夺王后可不是一件轻松好玩的事。事若成，则为国中第一夫人，吃不完的山珍海味，穿不尽的绫罗绸缎；事若不成，弄巧成拙，恐怕连自家的性命都难保。所以，要么放弃这个念头，要么就一举成功。你选择哪一条路呢？"

阴姬眼中流露出渴望的神情，说："我要做王后，而且要一举成功！"

司马喜不慌不忙地说："既然如此，微臣愿助你一臂之力。"

阴姬十分感激："若能成功，我必定厚报先生。"

第二天，司马喜按自己的计划行事。他先写了一份奏章给中山王，说他有一个削弱赵王的想法。中山王当即召见他。司马喜请求中山王让他以使者的身份去一趟赵国，主要考察赵国的山川地形、军事设施、君臣好坏、人民贫富，然后在加以研究的基础上提出一个详尽的方案。中山王准许了他的请求。

司马喜到赵国后拜见了赵王，公事谈完后便转入了聊天。司马喜说："我早就听说赵国是一个出美女的地方。但我在街上巡视时，发现赵国的妇女中没有特别出色的。我周游列国，跑过的地方多了，美女也见多了，但从未见过有哪个美女能与我国的阴姬相比。阴姬的容貌颜色无法用言语来形容，简直就像天上的仙女。"

赵王是个好色之徒，听了司马喜这番话顿时感到心跳加速，忙问道："你若能把她弄到赵国，我重重赏你。"

司马喜故作难色，说道："尽管阴姬只是个嫔妃，可我们大王却爱如珍宝。请大王不要把我刚才的话传出去，否则我会有杀身之祸。我在暗中替大王做这件事就是了。"

回国后，司马喜愤愤不平地对中山王说："赵王不好仁义，而好武力；不好道德，而好女色。他甚至私下里打阴姬的主意，想让阴姬做他的妃子。"

"这个荒淫无耻的东西！"中山王气得大骂。

司马喜劝中山王息怒，说："眼下赵国比我们强大。如果赵王来要阴姬，恐怕我们只好送给他。若我们不从，就会招致兵戈之灾。话又说回来了，如果我们拱手送阴姬给赵王，天下人会讥笑我们中山国懦弱无能。"

中山王为难了，问道："这可如何是好？"

司马喜见时机已到，忙献计说："只有一个办法，就是大王立阴姬为王后，以绝赵王之念。世间还没有听说要他国王后做妃子的事情呢！"

中山王认为此计甚妙。于是，阴姬在司马喜的策划下顺利地登上了王后宝座。

在这个故事里，司马喜让赵王对阴姬产生不轨之心仿佛是"打草"，使中山王恼怒不安恰似"惊蛇"。司马喜正是运用打草惊蛇之计激怒中山王，迫使他立阴姬为后。

第十四计　借尸还魂①

【原典】

有用者，不可借②；不能用者，求借③。借不能用者而用之，匪我求童蒙，童蒙求我④。

【注释】

①尸：代指死亡了的东西。魂：古时指代人的精神灵气。借尸还魂的原意是，借用别人的尸首，还原自己本来的面目。

②有用者，不可借：许多看上去可以利用的事物，往往难以驾驭和控制，因此不适宜取用。

③不能用者，求借：有些看上去似乎没有什么帮助的事物，却不妨利用它为己发挥作用。

④童蒙：幼稚而蒙昧的小孩。匪我求童蒙，童蒙求我：不是我求教于幼稚的愚昧者，而是他们求教于我。此处有己方支配他人的意思。

【译文】

凡是朝气蓬勃、有作为的事物，往往都难以操控，不可加以利用；而腐朽、无作为的事物却常常要依附别人而存在，我们要利用它。利用看似不可用的事物，并不表示是我求助于愚昧之人，而实际上是愚昧之人向我求助。

【简析】

此计意在要想获取成功，可以求助于微茫，求助于日暮途穷的事物。

是一种比喻已经死亡了的东西，又借着另一种形式出现。其实质是利用已经处于衰亡事物中的某些有利形势，增添进生机勃勃、强而有力的新内容，从而改变原有，使其出现新的面貌。

这种转换，有时对成功、对达到某种目的具有难以替代的积极作用。这种策略看来似乎是匪夷所思，让人难以置信，却是真真实实地存在着，而且是实实在在地获得了成功。化腐朽为神奇，其实际意义就是这样。

历史上，每当改朝换代之时，新一代的崛起者，纷纷扶植亡国君主的后代，打着他们的旗号来号召天下，为自己的行为铺垫和张目，达到夺取天下的目的。这就是"借尸还魂"的谋略。

人但凡失败之后，会有两种态度：一是一蹶不振，自暴自弃；二是寻找机会，重振旗鼓。借尸还魂便属于后者。在军事上，"借尸还魂"主张：在已经丧失战争主动权的情况下，也应该利用一切可以利用的机会，转败为胜。

因此，指挥官一定要善于观察和分析战争中各种力量的变化，善于利用一切可以利用的力量。即使己方受挫，陷入被动，也要倾尽全力，网罗一切为我所用，达到取胜的目的。

除此之外，此计在政治、经济、处世等领域用处也颇广。历史上许多著名的政治家、军事家都曾成功地运用"借尸还魂"这一计谋，取得了意想不到的效果。

【战例】

曹操挟天子以令诸侯

古往今来，许多成大事者都颇得"借一种旗号"施令天下的真传与实惠。众人皆知的春秋霸主齐桓公就是通过这一做法才获得其在政治与军事上的主动权。曹操的"挟天子以令诸侯"可以说是运用这一谋略的又一经典范例。

曹操刚崛起时，天下主要势力各有优势：孙策凭借长江天险而固守，刘备凭借"光复汉室"而感召天下。在群雄并起的形势下，欲谋求霸业，必须创造一种独有的优势来号令天下。曹操经过比较权衡，决定以"奉戴天子"——所谓"挟天子以令诸侯"作为自己的政治优势。

曹操之前，汉献帝这面"义旗"由董卓控制着。只可惜他是一个专横跋扈、滥施淫威的暴徒，没能很好地利用这一优势，很快便落得"暴尸于市"、"焚尸于路"的下场。此后，汉献帝在杨奉、董承等人挟持下离开关中。要不要趁机迎奉献帝，成了摆在曹操面前的一大问题。

经过一场激烈的争论及一番艰苦曲折的努力,曹操终于在建安六年八月将当时窘困流徙的汉献帝迎至许都,并由自己充当献帝的保护人。曹操这样做,不仅使自己获得了高于所有文臣武将的地位,而且将汉献帝变成了帮助自己发动统一战争的工具。从此,无论是征伐异己还是任命人事,他都能以献帝的名义,名正言顺地置对手于死地,给自己创造了极大的政治优势。

中国古代有一句歇后语,叫做"要想打鬼,借助钟馗"。

借助钟馗打鬼,确实是一个十分高明的做法和谋略。因为鬼是怕钟馗的,因此,谁利用了钟馗,谁就掌握了打鬼的优势与主动权。这与"借尸还魂"有异曲同工之妙,曹操就是借了"天子",拥有了号令天下的特权,为他的政治事业创造了无数便利。

诸葛亮计退司马懿

诸葛亮帮助刘备成就了王霸之业,后来又辅佐刘禅统兵北伐,而六出祁山一直未能成功,因为碰到了对手,就是司马懿。

诸葛亮终于在第六次北伐时,积劳成疾,在五丈原病重了,他知道自己不久于人世,所以将平生所学传给了姜维。

这一天,诸葛亮强支病体,最后一次出寨遍观各营,回到帐中安排后事。最后吩咐杨仪道:"我死之后,不可发丧。可做一大龛,将我尸体坐于龛中,以七粒米,放我口中,脚下用明灯一盏。军中安静如常,切勿举哀,司马懿必然惊疑,不敢劫营。可令后军先退,然后一营一营缓缓而退。若司马懿来追,可布成阵势,回旗返鼓。等他到来，将我先时所雕木像，安于车上，推至军前，令大小将士，分列左右。司马懿见之，必然大惊而走。"

杨仪领诺，此是诸葛亮安排的最后一计："借尸还魂"。

建兴十二年秋八月二十三日，诸葛亮死于军中。

因为诸葛亮事先有了安排，杨仪和姜维按其嘱咐，秘不发丧，对外严密封锁消息。令魏延断后，各营缓缓而退。司马懿亲自率兵引司马师和司马昭一起来追击蜀军。

眼见要追上了，就在这时，忽然一声炮响，树影中飘出中军大旗，上书一行大字："汉丞相武乡侯诸葛亮"。只见中军姜维等数十员上将，拥出一辆四轮车，车上端坐着孔明（与平时一样）。

杨仪等将率领部分人马大张旗鼓，向魏军发动进攻。魏军远望蜀军，军容整齐，旗鼓大张，又见诸葛亮稳坐车中，指挥若定，不知蜀军又要什么花招，不敢轻举妄动。司马懿一向知道诸葛亮"诡计多端"，又怀疑此次退兵乃是诱敌之计，于是命令部队后撤，观察蜀军动向。

姜维趁司马懿退兵的大好时机，马上指挥主力部队，迅速安全转移，撤回汉中。等司马懿得知诸葛亮已死，再进兵追击，为时已晚。司马懿最后叹道："我能料其生，不能料其死。"

诸葛亮用借尸还魂之计吓退了司马懿，使蜀军全身而退。

第十五计　调虎离山^①

【原典】

待天以困之^②，用人以诱之^③，往蹇^④来返。

【注释】

①调虎离山：原意是指引虎出山，同放虎归山的意思正好相反。比喻在战争中，把敌方从有利的阵地诱骗到对其不利而于我有利的地理位置，从而取胜。

②天：天时、地理等客观条件。待天以困之：在战场上，等待不利的客观条件出现时，再去对敌方进行围困。

③用人以诱之：用人为的假象云诱惑敌人，使其就范。

④蹇：困难。

【译文】

善于利用上天赋予我们的有利条件给敌方造成困难，采用人为的假象引诱敌人就范。既然对敌人进攻会有危险，那么，引诱敌人出战反而对我方有利。

【简析】

调虎离山，意即把老虎诱出深山外。将老虎诱出深山外干什么呢？是为了便于捕杀。

古人云：山高林深，必有猛虎出没。山林是虎的巢穴，虎踞山林之中，当然更有威势。要想在山林中与虎相斗，势必难以取胜，而如果能将其诱出，使其离开巢穴，变优势为劣势，要一击成功，就容易多了。

此计用在军事上，是一种调动敌人的谋略。

虎，指代敌方；山，指代敌方占据的有利地势。强敌占据地利相当于强上加强，好比兽中之王老虎，如果占据大山，借百兽以增势，便可横行无忌。而当对方失去有利地形，加上与百兽分开，便大大分散、减弱了虎势，再行消灭时，则容易得多，正可谓虎落平川被犬欺。

因此，面对占据有利地势的强敌，不便强攻时要诱骗、调动其离开优厚的自然条件，我方取胜的可能性就会更大。它的核心在一个"调"字。"调"要做到巧妙、灵活，隐真示假，既要达到让"虎"离山的目的，又不至于弄假成真，让"虎"反咬一口。

在运用调虎离山之计时，要灵活运用"调虎"的技巧。一般而言，可以采用如下方式：

一、利用各种手段迷惑敌人，造成敌人在判断上的失误。或者根据敌人的特点和需求，以多种利益进行诱骗，促使敌人离开其有利地势或赖以生存之地，以达到我们调虎离山的目的，形成对我方有利的局势。

二、激怒敌人，使其丧失理智，最后不知所措，只得撤离。

三、在敌人的内部或外部制造混乱，敌人为了自保就会逃离。

四、断其后援根本，使其感到原地不可留。

五、向敌人讲明形势，对其晓以利害，让其自动退让。不动干戈是上上策，但有其局限性，敌人必须是明智之人，否则很难实行。

在古今中外的战争舞台上，运用这一计谋调动敌方脱离有利地形，逼其就范，再加以消灭的例子举不胜举。在现代政治、经济、处世等各种领域，此计的应用也极为广泛，常会收到令人意想不到的效果。

【战例】

孙策智取卢江

东汉末年，军阀争霸，群雄并起。东吴孙坚雄踞江南。公元191年四月，袁术派孙坚征讨荆州，攻打刘表。刘表派黄祖迎战。孙坚击败黄祖，乘胜追击，黄逃到岘山之中，孙坚追击时，黄祖的部将从竹林间发射暗箭，孙坚中箭身亡。其子孙策，年仅十七岁，年少有为，继承父志，在周瑜、程普等大将的辅助下，势力逐渐强大。公元 199 年，孙策欲向北推进，准备夺取江北卢江郡。卢江郡南有长江之险，北有淮水阻隔，易守难攻。

　　占据卢江的军阀刘勋势力强大，野心勃勃。孙策知道，如果硬攻，取胜的机会十分渺小。他和众将讨论出一条调虎离山的妙计。针对军阀刘勋极其贪财的弱点，孙策派人给刘勋送去一份厚礼，并在信中把刘勋大肆吹捧一番。信中说刘勋功名远播，令人仰慕，并表示要与刘勋交好。孙策还以弱者的身份向刘勋求救。他说，上缭经常派兵侵扰我们，我们力弱，不能远征，请求将军发兵降服上缭，我们感激不尽。刘勋见孙策极力讨好他，万分得意。上缭一带，十分富庶，刘勋早想夺取，今见孙策软弱无能，免去了后顾之忧，决定发兵攻打上缭。部将刘晔极力劝阻，刘勋一点都听不进去。他被孙策的厚礼、甜言迷惑住了，觉得自己能够马到成功，拿下上缭。派人急急集合部队，去攻打上缭。

　　孙策时刻监视刘勋的行动，见刘勋亲自率领几万兵马出城，心中大喜，说："老虎已被我调出山了，我们赶快去占据它的老窝吧！"于是立即率领人马，水陆并进，袭击卢江，几乎没遇到什么抵杭，就顺利地控制了卢江。刘勋猛攻上缭，一直不能取胜。突然得悉孙策已取卢江，情知中计，后悔没有听刘晔的话，但也于事无补，只得灰溜溜地投奔曹操。

长平之战

　　战国时，秦国出兵攻打赵国。赵国名将廉颇凭借长平关易守难攻的险要地势，屡次挫败秦军。

　　秦国把坚守长平关的廉颇视为眼中钉、肉中刺，精心策划了反间计，使赵王对廉颇起了疑心，将廉颇撤换下来，派去了无实战经验、只会纸上谈兵的赵括。

秦将白起为了引诱赵括离开长平关，故意打了几个败仗后退走。赵括求胜心切，轻易杀出长平关，出城追击秦军，结果进入了秦军的埋伏圈。白起将赵括的四十万大军断成两段，分而制之。

赵括只好就地筑起营垒，等待援兵。

其实援兵早被白起全歼，赵括在营垒里苦等了四十余天，急得像热锅上的蚂蚁。这时秦军故意网开一面，引诱赵括强行突围，结果赵括轻易离开营垒，再次进入秦军的埋伏圈。这一次赵括回天无力，全军覆没。

在这里，秦军三次使用调虎离山之计。第一次用反间计调走了廉颇这只虎，第二次调赵括离开易守难攻的长平关，第三次诱骗赵括离开临时营垒。值得称奇的是，秦军使用调虎离山之计连连得手，赵括一而再，再而三地上了秦军的圈套。

第十六计　欲擒故纵①

【原典】

逼则反兵；走则减势②，紧随勿迫。累③其气力，消④其斗志，散而后擒。兵不血刃⑤。需，有孚，光⑥。

【注释】

①欲擒故纵：要想制服、擒拿住敌人，先要放任、顺应他。

②逼：用武力逼迫。反兵：回师反扑。走：逃跑。势：气势。

③累：消耗。

④消：瓦解。

⑤兵不血刃：武器锋刃上不沾血。意指不战便使敌人屈服，没有交锋就已经获得胜利。

⑥需：等待。孚：诚信。光：通广、光明。此句意为要善于等待，保持诚信与耐心，前途就会通达而光明。在军事上，有争取获得敌人信服，前来投降之意。

【译文】

打击敌人过于猛烈，就会遭到反扑。让敌人逃跑，反而会削弱敌人的气势。紧紧地追踪，消耗其体力，消磨其斗志，等敌人兵力分散时，再加以俘获，这样不经过血战就可以取得胜利。

【简析】

欲擒故纵中，"擒"是行事的目的，"纵"是方法，两者是一对矛盾体。

古人有"穷寇莫追"的说法，事实上，不是主张不追，而是要巧妙地追。如果方式不对，把"穷寇"逼得狗急跳墙，垂死挣扎，导致己方损兵失地，就不划算了。

因此，欲擒故纵，并不是真正的纵，而是暂时放一放。但归根到底是要擒的，而且"放"是为了彻底降服，只是这一"擒"不能花费过高的代价。这就有点像俗话所说的"放他一马"之意。

怎样才能做到少花代价，就是想方设法让敌人不能反抗，无力反抗，或根本就不想反抗。敌人不加反抗而降服，善莫大焉。这正是"欲擒故纵"的要义。

运用此计时，要铭记以下三点：

一、抓牢手中的线，以防"欲擒故纵"之计前功尽弃。风筝飞得再高，离我们再远，只要我们手中有一条长线牢牢牵着它，它就逃不出我们的掌心。对待敌人也应该如此，要始终追随敌人的踪迹，在施计的同时防止其跑掉。

二、待敌人跑累了我们再擒。敌人只要觉得还有一丝逃生的可能，便会拼命地逃走。在惊慌恐惧中拼命逃跑，既是体力上的消耗，也是精神上的消耗。如果我们在给他施加死亡威胁的同时，又留给他逃脱的幻想，他就会出于避害，一直拼命跑下去。而我们只要等到他跑累了，停下来，丧失了基本的反抗能力，便可手到擒来。

三、故意放纵敌人，让其丧失警觉。在敌人面前，我们可以故意退让，让其自我膨胀，以为我们实力弱小，根本无法与他们抗衡。待其思想松懈，丧失警惕，便为我们提供了良好的契机。

【战例】

西门豹为民除害

"欲擒故纵"，是矛盾的统一。欲擒不得，或欲擒不易，就可以借助于"纵"，以达到手到擒来的效果。

战国时期，魏王派西门豹出任邺（今河北临漳县）令。西门豹到了邺县，看到那里人烟稀少，满目荒凉，便四处打听是怎么回事。

一位白胡子老大爷说："都是河伯闹的。河伯是漳河的神，每年都要娶一位年轻貌美的姑娘。要是不给他送去，漳河就要发洪水，把田地、村庄全淹了。"

西门豹问："这话是谁说的？"

老大爷说："巫婆说的。地方的官吏每年还借着给河伯办喜事，逼迫老百姓出钱。他们每年收几百万，用二三十万办喜事，剩下的就跟巫婆分了。"

西门豹问："新娘子都是从哪儿找来的？"

老大爷说："哪家的闺女年轻，又长得漂亮，巫婆就带人到哪家去抢。有钱的人家花点银子就躲过去了，没钱的人家就倒大霉了。到了河伯娶媳妇的那天，他们在漳河边上放一张苇席，把姑娘打扮一番，让她坐在苇席上，就放到河里顺水漂走了。苇席刚开始还在水上漂着，过不了一会儿就沉下去了。苦啊，有闺女的人家都跑到外地去了，这儿的人口越来越少，地方也越来越穷了。"

西门豹接着问："那河伯要是娶了媳妇，是不是漳河就不会发大水了？"

老大爷说："还是发。巫婆说幸亏每年给河伯送媳妇，要不发水的次数还得多。"

西门豹说："巫婆这么说，说明河伯还是灵啊！下一回他娶媳妇，麻烦您告诉我一声，我也去送送新娘子。"

转眼到了河伯娶媳妇那天，河岸上站满了人。西门豹真的带着卫士来了。看到守令大人都来了，巫婆和地方的官吏很是惊喜，急忙迎接。那巫婆已经七十多岁了，背后还跟着十来个打扮妖艳的女徒弟。

西门豹提议："把新娘领来让我看看长得俊不俊。"

一会儿，姑娘来了。西门豹一看女孩子满脸泪水，转身对巫婆说："不行，这姑娘不漂亮，麻烦巫婆到河里跟河伯说一声，另外选个漂亮的，过几天再送去。"

说完，便叫卫士抱起巫婆，扔进了漳河。过了一会儿，西门豹故意惊讶地说："巫婆怎么还不回来？让她徒弟去催一催吧。"

又把巫婆的一个徒弟投进了河里。不一会儿，另一个徒弟也被投进河里。最后，西门豹假装不耐烦地说："看来女人办不了这事，还是得麻烦地方上的管事人去给河伯说一说！"

说着，又要叫卫士把管事的也扔进漳河。这些地方上的管事人，一个个吓得面如土色，连忙跪地求饶，头都磕破了。西门豹说："好吧，再等一会儿看看。"

最后，西门豹说："起来吧！看样子是河伯把她们留下了。你们都回去吧！"

老百姓终于恍然大悟，原来这都是巫婆和地方的官吏联合起来害人骗钱的。从此以后，谁也不敢再提给河伯娶媳妇的事了。西门豹发动老百姓开凿了十二条大渠，把漳河水引到田里灌溉庄稼，漳河两岸年年大丰收。

西门豹的智慧就在于不去和巫婆、百姓争论河伯有无之事，因为这样反而事倍功半，不能得到百姓的理解。他巧妙地顺着大家的思路，欲擒故纵，既然所有的人都认为有河伯其神，那就让巫婆自己去和河伯打交道，从而一举揭穿了巫婆与官吏的把戏，根除了祸患。

晏子妙计取信

齐景公派晏子去治理东阿。三年后，有人向景公说晏子的坏話，景公十分生气，于是召晏子入朝，想要罢免他的官职。

晏子恳请道："臣已知错，请容臣再治理东阿三年。到那时，若还有人说我的坏话，再罢我的官也不迟。"

景公答应了晏子的请求，派他继续治理东阿。三年过去了，人们对晏子大加赞赏。景公很高兴，又召晏子入朝，想要重赏他，但被晏子一口回绝。

景公问其故，晏子回答说："前三年我到东阿，找人修筑道路，于是出钱出力者都怪罪我节俭勤劳。作奸犯科之人和懒汉刁民也都很怨恨我。权贵横行乡里，仗势欺人，我若不宽恕，他们也势必会忌恨我。周围的人求我办事，我若不答应，他们就一起反对我。于是，我的坏话就传到了您的耳朵里。其后三年，我改变了做法。我不让人修路，有钱有力气的人开心了。我鄙视节俭勤劳，作奸犯科的人和懒汉刁民们高兴了。权贵为所欲为，我视而不见，他们便对我十分满意。周围的人求我办事，我有求必应，甚至有时不惜假公济私，他们于是对我赞不绝口。您看，关于我的好话果然传到了您的耳中。现在您要封赏我，我却认为自己理应受到惩罚。这就是我为什么不能接受您的封赏的原因。"

景公至此才恍然大悟，明白晏子原来是一位贤臣，于是把治理国家的重任交给了他。不出三年，晏子果然帮助齐国跻身于强国之列。

在此例中，晏子为了达到劝服齐景公的目的，宁愿做违背自己原则的事，用后三年的不贤反衬前三年的贤良，用"欲擒故纵"的策略最终赢得了景公的信任。

98

第十七计　抛砖引玉^①

【原典】

类以诱之^②，击蒙也^③。

【注释】

①抛砖引玉：抛出砖头，引来白玉。比喻用自己没有价值的东西引出好的、珍贵的东西。

②类：类同、类似。类以诱之：诱敌的方法很多，最好的是借助相似的东西。

③击：撞击，打击。蒙：蒙昧。击蒙也：此处借用此语，意指打击这种受我方诱惑的愚蒙之人。

【译文】

用类似的东西去引诱敌人，从而让迷惑懵懂的敌人上当，并遭受我方打击。

【简析】

"抛砖引玉"在三十六计中的意思很清楚，就是抛出去一块不值钱的砖头，换来一块价值连城的玉石，就是"以贱换贵"、"以小博大"、"以羊易牛"。

砖可以泛指一切质次的、价值低的或量小的事物，相比之下，玉就是一切质优的、价值高的或量大的事物。

而抛出的"砖"可以是"真砖"（实在的好处），也可以是"假砖"（虚晃的动作）。抛的方法也可以有多种：明抛、暗抛、远抛、近抛、全抛或者分抛。但应该明确的是：引来的东西其价值一定要高于抛出去的，否则会得不偿失，白忙一场。

此计的运用范围很广，可以积极、正当地使用，当然，歪门邪道也同样生效。属于小施出小效，大施获大效。

官场上，一张支票可以弄到一个勋爵。政治中，一句美丽动听的谎言，可以骗取大量选票及无数百姓的拥护。军事上，诱骗、迷惑敌军，使其懵懂上当，中我圈套，可以趁机攻之。各种运用不一而足。可以说，"抛砖引玉"奇妙无穷，就看你如何灵活运用了。

【战例】

契丹人大破唐军

"抛砖引玉"之计，实际上就是利用敌人的弱点，给予一点甜头诱敌上当，最后达到战胜或歼灭敌人的目的。以下这个故事便是利用了敌人骄横自大、容易轻敌的弱势，得以成功地将其诱入埋伏圈予以消灭。

公元 690 年，契丹攻占营州。武则天派曹仁师、张玄遇、李多祚、麻仁节四员大将西征，以夺回营州，平定契丹。

契丹先锋孙万荣熟读兵书，颇有计谋。他想到唐军声势浩大，正面交锋对己不利，便首先在营州制造缺粮的舆论，并故意让被俘的唐兵逃跑。

唐军统帅曹仁师见一路上逃回的唐兵面黄肌瘦，并从他们那里得知营州严重缺粮，营州城内契丹将士军心不稳。曹仁师心中大喜，认为契丹不堪一击，攻占营州指日可待。

唐军先头部队张玄遇和麻仁节部，都想夺头功，贪功冒进，向营州火速前进。一路上，从营州逃出的契丹老弱士卒自称营州城严重缺粮，士兵纷纷逃跑，并表示愿意归降唐军。

张、麻二将更加相信营州缺粮、契丹军心不稳了。

于是他们率部日夜兼程，赶到西峡石谷。只见此处道路狭窄，两侧是悬崖绝壁。依照用兵之法，这里应该是设埋伏的险地。

然而，张、麻二人误以为契丹士卒早已经饿得不堪一击了，加上夺取头功的心理作祟，便强令部队继续攻进。

唐军浩浩荡荡进入谷中，顺利行进。

不料，黄昏时分，只听一声炮响，绝壁之上瞬间箭如雨下。唐军人仰马翻，相互践踏，死伤无数。只见孙万荣亲自率领人马从四面八方扑奔过来。

唐军进退不得，前有伏兵，后有骑兵截杀，不战自乱，张、麻二人也被契丹军生擒。孙万荣利用搜出的唐军将印，立即写信报告曹仁师，谎报已经攻克营州，要曹仁师迅速到营州城处置契丹头人。

曹仁师早就已经放松警惕，接信后，深信不疑，马上率部奔往营州。大部队急速前进，也准备穿过西峡石谷，赶往营州。不用说，这支目无敌情的部队重蹈覆辙，同样遭到契丹伏兵围追堵截，全军覆没。

此例中，孙万荣故意放跑被俘的唐兵，并逐步安排契丹老弱残兵出逃，给张、麻二人造成敌军溃退无能的错觉。契丹人诱敌深入，最终一举将敌军歼灭，可谓将抛砖引玉用到家了。

李密散财逃生

"抛砖引玉"之计，是在处事做人时，先给对方一些甜头，自己则能得到更大的利益。滴水之情当涌泉相报，投之以桃报之以李，正是此计的正解。

隋朝末年，李密参与杨玄感的谋反行动失败。一同参与谋反的许多同党被捕后都被关进了京兆大牢，随后又从西都长安（今陕西西安城西北）被押往炀帝巡幸的高阳。

途中，李密想要借机图谋脱逃，便暗中对同党们说："如今我们的性命就像早上的露水，朝不保夕。一到高阳，必定难逃粉身碎骨的惨运，现在路上倒还有办法可想。总之，各人性命只有一条，怎能引颈受戮，坐以待毙？只要有一线希望，都应该设法逃走，大家说对不对？"

众人纷纷表示赞同，并推举李密制订逃亡计划。

李密说："你们身上不都带着金子吗？人一死，这东西就分文不值了，但它现在却能替大家买回性命。"众人表示一切听李密吩咐。

于是，李密和同党一起把金子拿出来给负责押送的使者看，并齐声哭哭啼啼道："这些东西对我们来说已经没有任何用处了，我们想全部留赠给你们。只希望我们死后，能找块儿地方把我们埋了，免得暴尸荒野受野狗恶鸟的凌辱。埋葬用毕，应该还有很多结余，就算报答你们的恩德吧。"

使者受到金子的诱惑，当即满口答应。有了金子开路，李密等人的待遇，得到了明显的改善。

一出函谷关（今陕西潼关），押送者们的管制就渐渐放松了。李密开始实施第二步行动计划。他恳请使者给他们买酒买菜，以便死前能再好好享受一下生活的乐趣。

此后，大家饮酒作乐，猜拳行令，常常通宵达旦，使者也并不干涉。不久，一行人抵达邯郸，距目的地高阳已近。李密觉得再不走就没有机会了，于是暗示大家做好准备。

当晚，一行人在城外的村子住宿，恰好关押李密等人的那间屋墙体不太牢固。李密等人在夜深人静时悄悄凿开了一面土墙，成功地逃了出去。

　　第二天清晨，使者打着哈欠来叫李密等人上路，却赫然发现屋内已空无一人。李密他们早就远走高飞了。

　　在这个故事中，李密抛出"身外之物"这块"砖"，得到的却是生命这块美"玉"，称得上舍得了。在具体的实施过程中，李密将整个事件安排得丝丝相扣，滴水不漏，因此才能万无一失地救得自己及同党的性命。

第十八计 擒贼擒王

【原典】

摧其坚，夺其魁^①，以解其体^②。龙战于野，其道穷也^③。

【注释】

①夺其魁：夺，抢夺、擒获；魁，第一、最大，这里指首领、主帅。

②以解其体：解，瓦解、分解；体，躯体、整体，这里指全军。

③龙战于野，其道穷也：野，郊外、野外；穷，困顿；道穷，无路可走。此处指，龙本来在大海深渊里或在天空云雨中才能施展威力，如果陷在原野里搏斗，便会一筹莫展，难以摆脱失败的结局。在战斗中比喻摧毁敌军主力，抓住敌军首领，就可以瓦解它的整体力量。

【译文】

摧毁敌人的中坚力量，抓获敌人的首领，就可使敌人全军解体。这就好像龙在旷野作战，一筹莫展，根本无法取胜。

【简析】

诗人杜甫说过："射人先射马，擒贼先擒王。"王，指的是国家、军队等组织的首领或核心人物，是组织展开集体行动的指挥调度中心，是组织发挥整体力量的枢纽或关键。

所以，要消灭和瓦解一个组织，攻击的中心是其核心人物，一旦把他们击倒，组织就会群龙无首。

此计有以下两种含义：

一、击中要害。任何事物都有关键和要害部位，抓住要害和关键，才能取得事半功倍的效果。而战争中，首领在其组织中的引导和凝聚作用是不可小觑的。抓住其首领，不仅可以震慑其余，剩下的力量也会因为不知何去何从而面临困境，这是对己方极其有利的条件。

二、提纲挈领。善于张网的人，总是能抓住网的总纲绳。任何事物都有"纲"和"领"。只要我们抓住要领，就可以以简驭繁，以少制多。这便是提纲挈领的妙处。

擒贼擒王的道理很简单，做起来却不那么容易。

擒王，不仅是要捉拿对方的首领，还指消灭其主力。这两者虽然在理解上有其共通之处，但具体使用时还要根据具体情况灵活变换。一般来说，擒住首领必然会动摇军心，瓦解整体；而灭其主力，首领自然也没了依靠，无所作为。

因此，先擒其首，后灭主力，则如打蛇七寸，事半功倍；而先灭主力，后擒其首，则手到擒来，一样绝妙。

【战例】

张巡用计射退尹子奇

张巡是唐朝唐玄宗开元末年人，从小博览群书，晓通战阵兵法，年轻时就志气远大，不拘小节，结交的都是理想远大者或宽厚长者，而讨厌和庸俗之辈交往。安史之乱时，起兵守雍丘，抵抗叛军。

天宝十五年，燕军将领张通晤攻陷宋、曹等州，安禄山气焰嚣张，连连大捷，安禄山之子安庆绪派勇将尹子奇率十万劲旅进攻睢阳。

张巡此时正驻守睢阳，见敌军来势汹汹，决定据城固守。敌兵二十余次攻城，均被击退。尹子奇见士兵已经疲惫，只得鸣金收兵。晚上，敌兵刚刚准备休息，忽听城头战鼓隆隆，喊声震天。尹子奇急令部队准备，可是张巡一直紧闭城门，没有出战。尹子奇的部队被折腾了整夜，没有得到休息，将士们疲乏已极，眼睛都睁不开，倒在地上就呼呼大睡。这时，城中一声炮响，突然之间，张巡率领守兵冲杀而来，敌兵从梦中惊醒，惊慌失措，乱作一团。张巡一干人如入无人之境，砍瓜切菜般地一连斩杀了五十多个敌将和五千多名士卒，几乎不费吹灰之力便杀到了尹子奇的大帐前。因为张巡他们从未见过尹子奇，现在又混在乱军之中，到处都是敌军惊慌乱窜的身影，他们根本无法在千军万马中认出尹子奇。

张巡心生一计，让士兵用秸秆般粗细的细木棍削尖作箭，射向敌军。敌军中不少人中箭，他们以为这下完了，没有命了。但是发现，自己中的是秸秆箭，心中大喜，以为张巡军中已没有箭了，纷纷跑去向尹子奇报告。张巡见状，立刻辨认出了敌军首领尹子奇，急令神箭手、部将南霁云向尹子奇放箭。正中尹子奇左眼，这回可是真箭。只见尹子奇鲜血淋漓，抱头鼠窜，仓皇逃命。敌军一片混乱，大败而逃。

打蛇打七寸，擒贼先擒王！这就是张巡取胜的原因。

张柬之反其计而用之

"摧其坚，夺其魁"，是擒王之计得以成功的关键。要做到这一点，需要比对方更坚定、更机智。而如果要反其计而用之，擒王为我所用，则更需要提高自身的聪明才智和攻坚本领。

女皇武则天晚年极其宠幸张易之、张宗昌兄弟俩。这两兄弟天天侍候在武则天左右，百般讨武则天欢心，因此，贪赃枉法，欺凌群臣，毫无顾忌。群臣对此无可奈何。

武则天对张易之、张宗昌的宠幸胜过了自己的骨肉子孙。她的儿子李显，软弱无能，惧怕武则天。虽然已被立为太子，但却幽居东宫，无法参与朝政。

有一次，李显的两个未成年子女私下议论了张易之、张宗昌，不料被武则天知道了。武则天对李显百般刁难，李显竟吓得让自己的两个子女服毒自杀了。

神龙元年（公元705年），武则天病重。她只让张易之、张宗昌二人在她身边，并把一切国事统统交给二张处理，不许大臣近前。大臣们担心二张擅权篡位，着急地聚在一起筹划对策。

年已80岁的宰相张柬之决心自己冒险，出面组织策划铲除二张。他先做守卫皇宫的御林军的工作，并联络了武将及朝中一批正直的大臣，共同商议如何动手。然而，谁也不敢担"犯上"之名。

这时，有人向张柬之进言："擒贼擒王，我们何不反其意而用之，挟太子号令天下呢？"张柬之连称妙计，于是决定逼太子出面，以太子的名义号召宫廷上下。

张柬之和武将们率领五百多名御林军按照约定的时间来到了宫廷外的玄武门，并事先派李多祚等人到东宫去迎接太子。太子李显一想到他的几个兄弟因反对武则天而被杀掉，便吓得浑身哆嗦，额头冒汗，不敢决断。

李多祚等人再三催请，并痛切地向他说明利害："再延误时间，就来不及了。事已至此，倘若因延误而失败，不仅断送了你祖宗的基业，你和群臣的身家性命也都难保，必然会造成大杀戮的惨剧。"

太子不得已，随同李多祚等人来到玄武门。在张柬之的带领下，群臣径直闯入武则天的寝宫。张易之和张宗昌见状，正要发问，士兵冲上去便将二张砍死了。武则天听到响声，正欲起身，张柬之进前奏报："张易之和张宗昌谋反，我等奉太子之命，已将逆贼杀死。"

武则天随即晕了过去，等她醒来，还有气无力地问太子李显："这件事是你指使的吗？"李显点头承认。武则天虽然恨得咬牙切齿，但碍于是太子的意旨，她也无法降罪于大臣。大臣们乘机上言，希望武皇传位给太子。武皇病情日益加重，无奈之下，只得让太子继位。

最后，张柬之等人借太子皇权的力量，又迅速消灭了张易之、张宗昌的党羽，稳定了皇宫。

兵无常势，擒贼擒王之计本来是要擒获对方主帅，破坏对方优势。张柬之铲除二张，却是反用此计，擒王为己所用，可谓出奇制胜！

第四套　混战计

混战计，是在战争失去其固有规则的情况下而寻求规则的策略。在混乱之中保持清醒的认识，寻找最能取胜的途径，创造尽可能好的条件打击敌人。

第十九计　釜底抽薪①

【原典】

不敌其力②，而消其势③，兑下乾上之象④。

【注释】

①釜底抽薪：意指水的沸腾，是靠火的力量。而柴火是火力旺的原因。因此，如果想制止水沸腾，就要抽取柴草。

②不敌其力：敌，对抗，攻击；力，强力，锋芒。

③而消其势：消，消弱，消减；势，气势。

④兑下乾上之象：兑下乾上为《周易》六十四卦中的"履"卦。这里有以柔克刚的意思。即遇到强敌，不要去和他硬碰，而要用阴柔的办法去消灭其刚猛之气，然后设法制服他。

【译文】

如果在力量上不能战胜敌人，就可以转而削弱其力量的源泉。这就是《易经》兑下乾上的"履"卦推崇的方法：尾随居下，以柔克刚，四两拨千斤。

【简析】

"釜底抽薪"，顾名思义是说水在釜中沸腾，就是因为柴火在釜底烧。从釜底把"薪"抽去，就自然止住了水的沸腾。这就是告诉人们，要从根本上去解决问题。

世间很多事物的初始与发展，与水沸釜中的形式是一样的。与对立势力的较量，也与制止水沸的道理相同。

正面攻击，等于用热水止沸，劳而无功；而抽取沸水的能量来源，消除对立势力的生存根源，使对手丧失力量供给的来源和有利条件，使其成为"无源之水，无本之木"，由盛转衰，便可置其于死地。

此计用在军事上，是一种"兜底战术"。

在相互对垒、剑拔弩张，而又无法直接迎击敌人强大的正面力量时，就要消灭敌人强大力量借以生存或产生的根源。就是说从对方的幕后下功夫，侧面暗算，从根本上削弱它的战斗力，用以柔克刚的办法来解决问题。

古今中外，不论是在战场、商场、职场还是在政治舞台上，运用釜底抽薪之法来解围取胜的例子不计其数。

而在使用这一计时，关键要把握好两点：

一是准确认清敌人的"釜底之薪"是什么。这是实行此计的必要前提。一般而言，凡是影响敌人后劲的力量，都可以作为"抽薪"的目标。

二是要在以柔克刚的原则下运用正确的手段和方法。针对敌人"釜底之薪"的具体情况，灵活使用适宜的方式、方法，不可生搬硬套。

【战例】

齐国智亡鲁国

"釜底抽薪"之计，一般用于对付比自己强大的对手。这正是原典中讲的"不敌其力"之意。政治斗争中，从侧面剪除强大对手赖以生存的事物，让其失去存在的必需条件，它就会自行削弱或消亡。

春秋时期，齐景公曾受过孔子一番奚落，从此耿耿于怀。加上贤相晏婴死后，自己后继无人，而鲁国此时重用孔子，国政大治。

于是他有些惊慌起来，便对大夫黎弥说："鲁国重用孔丘，对我威胁极大，将来其霸业发展，我国必首蒙其害，如何是好？"

黎弥连忙献计："饱暖思淫欲，贫穷起盗心。今日鲁国天下太平，鲁定公又是个好色之徒。如果选一群美女送给他，他定会照单全收。此后，自然日日夜夜在脂粉丛中打滚，久而久之，孔子一定会被气走。那时，陛下就可以高枕无忧了。"

齐景公认为此计甚妙，便派出黎弥去挑选美女，教以歌舞，授以媚容。练成之后，又将一百二十匹马特加修饰，金勒雕鞍，装扮似锦，载着众美女送往鲁国，说是献给鲁定公享受的。

鲁国的另一位丞相季斯，听到这个消息后，即刻换了便服，坐车来到南门。齐国的美女正在表演舞蹈，舞态生风，一进一退，光华夺目。季斯不禁目瞪口呆，手软脚麻，意乱神迷，已然忘记了要入朝议事的事。

知道鲁定公也好此道，季斯便乘机做向导，带他换了便服，再次来到南门。从此，君王果然不早朝了。

孔子得闻此事，凄然长叹起来。子路在旁边说："鲁君已陷入迷魂阵，把国事置于脑后了。老师，可以走了吧？"

孔子说："别急！郊祭的时候快到了，这是国家大事。如果君王还没有忘记的话，国家犹有可为。否则，再卷包袱也不迟！"

转眼到了郊祭，鲁定公只是按照惯例去参祭了一番，却没有表现出一点诚心。草草祭完，便又回宫享乐去了，连祭肉都顾不得分给臣下。见鲁定公这个样子，孔子大失所望，便对子路说："去通知各位同学，卷好包袱，明早起程离开这儿！"

此后，孔子弃官不做，率领一班学生周游列国，过起了流浪的生活。鲁国没有了孔子的治理，很快便衰败了。

鲁国繁盛，是因为有孔子在主持大局。因此，要削弱鲁国，没有比赶走孔子更有效，也更简单的了。很明显，齐国用的就是"釜底抽薪"之计。没有无源之水，没有无本之木，任何一支政治力量都有其根源。从根源着手，必能得胜。

宰相卖绸稳市场

宋仁宗至和年间，国家财政紧张，几种钱币同时流通，国家难以控制市场。于是，便有大臣上疏仁宗，请求统一钱币，特别是要罢掉陕西铁钱，由国家统一铸币流通。

仁宗接到奏疏，交大臣们议论。大多数人觉得罢掉铁钱会造成市场混乱，所以并没有实行。但消息却传了出去，一时间，首先从京都汴梁（今河南开封）开始，刮起一股风："朝廷要罢掉陕西铁钱了，赶快脱手出去，晚了就一钱不值了！"

一传十，十传百，不长时间便传遍了城市乡村。

那时，陕西铁钱不仅在陕西，连京都及周围一带都十分通行，存这种钱的大有人在。大家听说这辛辛苦苦挣来的血汗钱就要废了，那还了得，所以都纷纷拿铁钱到店铺中抢购货物，不管目前用不用，先抢到手再说。

店铺老板也不是傻子，他们比别人更早得到了消息，因此纷纷挂出牌子：不收陕西铁钱。

这家不收，那么就到那家吧！可百姓们串了几家店铺，走了几个集镇，到处都一样。这下大家更急得不得了，有火暴性子的人竟到店铺中强行买货，吓得店铺竟相关门。一时间，市场大乱，人心浮动，危及治安。

消息马上反馈到朝廷，仁宗大为恼火，一边追查是谁传出的消息，一边责令宰相文彦博迅速处理此事，平定市场，安定民心。文彦博召集大家商量，大家都说别无办法，只有让朝廷下令，辟此谣言，用行政手段平定市场。

可文彦博深深知道，市场上的事有时单靠强令是办不好的。法令出去，大家还会将信将疑。特别是平民百姓，看重的是实利，而不是一纸公文。

想到这里，文彦博对大家说："这么办吧，先让我来独自经办此事。若我财力不足时，再麻烦各位。"

他回到家中，询问管家："丝绢缣帛还有多少？"

管家说："还有五百匹。"

于是文彦博让管家找来京城中最大的绸缎铺主，托他代卖这些丝绢，并特别叮嘱：不要其他的钱，只收陕西铁钱。

店主照办，第一天简直挤破了门。别的店主都来打听为何倒行逆施收陕西铁钱，当他们得知是文丞相让代卖代收的后，都放下心来，连丞相都要铁钱，看来铁钱是决不会废止了，于是各店也收起了铁钱。

消息传扬出去，老百姓都放下心来，再没人急于脱手陕西铁钱去抢购货物了。一场市场动乱就这样让文彦博平定了下来。

第二十计　浑水摸鱼[①]

【原典】

乘其阴乱[②]，利其弱而无主。随，以向晦入宴息[③]。

【注释】

①浑水摸鱼：原意指在混浊的水中，鱼晕头转向。趁机摸鱼，可以得到意外的收获。引申为军事战略时，意为乱中取利。

②乘其阴乱：阴，内部。意为乘敌人内部发生混乱。

③随，以向晦入宴息：随，卦名，顺从之意。意思是，人要随应天时而作息，到了晚上就应该入室休息。此计用这一象理，是主张打仗时要随机行事，有意给敌人造成混乱，或趁敌人混乱之时顺势取利。

【译文】

趁敌人内部混乱，形势恶化，利用其虚弱慌乱且没有核心领导，因势利导，使他顺从跟随我。这就像《周易》随卦象辞中所说，像人随着天时吃饭入寝一样自然。

【简析】

浑水摸鱼，原意指故意把水搅浑，趁鱼慌乱，不知所措时，趁机捕捉它。可引申为在动荡的局势下，各种力量都自然而然地被卷进混乱不堪的旋涡里。

为了抓住机会扩大自己的势力，在泥沙俱下，鱼龙混杂的局面下，我们可以将那些力量暂时弱小，立场暂时不够坚定，不知依从哪方的角色顺手夺取过来。这是一种利用迷乱事态，趁对手陷入彷徨之机，坐收渔翁之利的策略。

军事作战中常用的方法是，伪装成敌兵，打入敌人内部，作为配合主力攻击的辅助手段。把水搅混了好捉鱼，把敌人的部署、计划、阵脚搞乱，好乱中取胜。

"浑水"是运用此计的必要条件。而水浑，可分为两种情形：一是水原本就是浑的，己方抓住时机乱中取胜；二是水原本清，己方故意将其搞浑，达成自己的图谋。当然，后者的难度要大一些，但应用也更广泛一些。

因为施用此计代价小，又能轻易达到目的，因此此计在战争、商场、处世以及职场等领域颇受人们的关注与青睐。

而理解此计时，应该把握以下几种含义：
利用混乱局面，从中渔利。在竞争中取利的办法有很多，其中，

119

乱中取利就是较好的办法之一。因为大家都将精力用在了互相争夺之上，必然会有很多利益无暇顾及，各自也会暴露出许多可乘之隙来。此时，便可以轻易地从中捞到各种好处。

二、以假乱真，浑水摸鱼。水被搅浑之后，能见度必然变低，鱼在水中分不清方向，也更难辨清真伪。这时我们把假的伪装成真的，并将其混入真的之中，可以利用敌人的"蔽而不察"，将对自己有利的力量拉拢过来，据为己有。

三、滥竽充数。"浑水"起着隐瞒掩盖的作用，利用形式上的缺陷，管理上的漏洞来渡过难关或取得利益，也是浑水摸鱼计谋的一个内容。

【战例】

刘秀虎口得食

东汉时，汉光武帝刘秀是一位很有韬略的政治家。其在未登基前，曾在河北一带和王朗大战二十多日，最终攻下邯郸，杀死王朗，获得成功。而此前王朗在邯郸称王，兵力丰实时，还发生过一个有趣的故事。

当时刘秀碍于王朗的实力，不敢与其正面交锋，就带着少数亲信来到蓟州。当时蓟州正在兵变，众人纷纷响应王朗，捉拿刘秀。刘秀无奈，冲出城门，仓皇南逃。

一行人逃到饶阳时，弹尽粮绝，饥饿难耐。刘秀忽然一拍大腿，向众人说出了一个虎口得食的办法：冒充王朗的使者骗驿站的饭来吃。

于是，众人装扮一番，以王朗使者的名义大模大样地走进了驿站。驿站官员信以为真，哪敢怠慢，慌忙准备美味佳肴招待。几天没吃过一顿饱饭的一行人，狼吞虎咽地吃起来。他们的狼狈却引起了官吏的疑心。

为了辨其真假，驿站的官员故意将大鼓连敲数十下，高喊邯郸王驾到。这一喊，把众人惊了个目瞪口呆，每个人手心都捏了一把汗。刘秀也不由惊得站了起来，但他很快又镇定下来。心想，如果邯郸王真来了，那也逃不掉，不如见机行事。

于是，他给众人使了一个眼色，意在让大家沉住气。他自己慢慢坐下，镇定地说："早就想见邯郸王了，今日真是多喜啊。"过了好一会儿，众人也不见邯郸王的踪影，才知道是驿站官吏搞的名堂。

刘秀用小小的一计"浑水摸鱼"换来了窘迫处境下的酒足饭饱，之后，为了不败露身份，一行人便立即离开了驿站。此计用在此处，便是其小用有小效的典型表现。

南郡计中计

赤壁大战，曹操大败。为了防止孙权北进，曹操派大将曹仁驻守南郡（今湖北公安县）。这时，孙权、刘备都在打南郡的主意。周瑜因赤壁大战，气势如虹，下令进兵，攻取南郡。刘备也把部队调到油江口驻扎，眼睛死死地盯住南郡。

周瑜说："为了攻打南郡，我东吴花了多大的代价，刘备休想做夺取南郡的美梦！"

刘备为了稳住周瑜，首先派人到周瑜营中祝贺。周瑜心想，我一定要见见刘备，看他有何打算。

第二天，周瑜亲自到刘备营中回谢，在酒席之中，周瑜单刀直入问刘备驻扎油江口，是不是要取南郡？刘备说：听说都督要攻打南郡，特来相助。如果都督不取，那我就去占领。

周瑜大笑，说南郡指日可下，如何不取？刘备说："都督不可轻敌，曹仁勇不可挡，能不能攻下南郡，话还不敢说。"

周瑜一贯骄傲自负，听刘备这么一说，很不高兴，他脱口而出："我若攻不下南郡，就听任豫州（即刘备）去取。"

刘备盼的就是这句话，马上说："都督说得好，子敬（即鲁肃）、孔明都在场作证。我先让你去取南郡，如果取不下，我就去取。你可千万不能反悔啊。"周瑜一笑，哪里会把刘备放在心上。

周瑜走后，诸葛亮建议按兵不动，让周瑜先去与曹兵厮杀。瑜发兵，首先攻下彝陵（今湖北宜昌）。然后乘胜攻打南郡，，却中了曹仁诱敌之计，自己中箭而返。曹仁见周瑜中了毒箭受伤，非常高兴，每日派人到周瑜营前叫战。周瑜只是坚守营门，不肯出战。

一天，曹仁亲自带领大军，前来挑战。周瑜带领数百骑兵冲出营门大战曹军。开战不多时，忽听周瑜大叫一声，口吐鲜血，坠于马下，被众将救回营中，原来这是周瑜定下的欺骗敌人的计谋，一时传出周瑜箭疮迸发而死的消息。周瑜营中奏起哀乐，士兵们都戴了孝，曹仁闻讯，大喜过望，决定趁周瑜刚死，东吴没有准备的时机前去劫营，割下周瑜的首级，到曹操那里去请功。

当天晚上，曹仁亲率大军去劫营，城中只留下陈矫带少数士兵护城。曹仁大军趁着黑夜冲进周瑜大营，只见营中寂静无声，空无一人。曹仁情知中计，急忙退兵，但是已经来不及了。只听一声炮响，周瑜率兵从四面八方杀出。曹仁好不容易从包围中冲出，返南，又遇东吴伏兵阻截，只得往北逃去。周瑜大胜曹仁，立即率兵直奔南郡。

等周瑜率部赶到南郡，只见南郡城头布满旌旗。原来赵云已奉诸葛亮之命，乘周瑜、曹仁激战正酣之时，轻易地攻取了南郡。诸葛亮利用搜得的兵符，又连夜派人冒充曹仁救援，轻易地诈取了荆州、襄阳。周瑜这一回自知上了诸葛亮的大当，气得昏了过去。

第二十一计　金蝉脱壳①

【原典】

存其形，完其势②；友不疑，敌不动。巽而止，蛊③。

【注释】

①金蝉脱壳：原意指蝉在蜕变时，本身就会脱离外壳，用于比喻以计脱身。

②存其形，完其势：保存阵地已有的战斗阵容，造成在原地防守的态势。

③巽而止，蛊：巽，退让；蛊，惑乱。此处指暗中转移兵力，趁敌人不惊疑之际，脱离险境。

【译文】

保存阵地的原形，造成强大的驻军声势，使友军不怀疑，敌人也不敢轻举妄动。根据蛊卦原理：如果能隐蔽自己的行动而不暴露，就能够有效防止敌人的损害。

【简析】

金蝉脱壳原本是一种生物现象，指蝉类昆虫在蜕变时，本身脱离皮壳飞去，只留下空壳在原处。古人用这种现象来喻指人类社会中的某些事物。

"金蝉脱壳"作为一种计谋，往往是在形势处于极端不利的情况下，不得不施谋用计脱身，以求东山再起。所以，在危急存亡关头，用伪装、掩护或欺骗的手段瞒住对方，留下虚假的外形稳住对方，以求暗里逃遁，是一种走而示之不走的权宜之计。

此计用于军事，是指通过伪装摆脱敌人，撤退或转移，以实现我方的战略目标。而稳住对方，撤退或转移，并不是惊慌失措，消极逃跑。而是在认真分析形势后，准确做出判断。保留外在形式，抽走实质内容，巧妙分身，用精锐部队出击另一部分敌人的战略。

运用此计要选好时机。一方面"脱壳"不能过早，只要还有胜利的可能，没有到万不得已之时，就不要"脱壳"而去，以防破坏胜利的机会；另一方面"脱壳"也不能过晚，在败局已定的情况下，多停留一分钟，就会多一分危险，减少一分生还的可能。

总之，要从某种危险境地逃脱，又不至于被纠缠或追击，金蝉脱壳的确是妙计。逃脱时如果没被发现，就几乎已经锁定胜局，因为等对方发觉时，就已经鞭长莫及了。三十六计，走为上计，但走也有多种走法，金蝉脱壳就是走计之中的上计。

【战例】

狄仁杰"脱壳"自救

运用"金蝉脱壳"计时，行动一定要诡秘，既不可让对手察觉意图，更不能将行动暴露于对手眼前。确实做到"存其形，完其势"。等对手察觉或发现时，只有"时间已晚"的叹息，却丝毫没有可挽回的机会。

武则天当政期间，侍郎狄仁杰刚直不阿，因此得罪了有名的酷吏来俊臣。不久，来俊臣以蓄意谋反为名，诬陷狄仁杰入狱。为了状告成功，来俊臣决定亲审狄仁杰，逼他承认阴谋造反属实。

庭审时，狄仁杰大义凛然，骂来俊臣是无耻小人。来俊臣不但不生气，反而十分得意地顺手拿起一根皮鞭，要对狄仁杰动刑。鞭子还没落下来，狄仁杰首先服软，"招认"了全部罪行。

于是，来俊臣满意地让主事官王德寿将狄仁杰关押起来，只等秋后问斩。由于狄仁杰主动承认了罪行，王德寿放松了对他的监视。

不几日，狄仁杰从被子上撕下一块布料，细细写下自己的冤情后，塞进棉衣，然后找来王德寿："天气渐冷，我想让家人把这件棉衣拆洗了，再放些棉花。烦你帮我送到他们手里。"

王德寿不明狄仁杰的用意，爱理不理地答应了他的请求。

狄仁杰的妻子拆开棉衣，发现了冤状，马上便将此事禀告了武则天。武则天看完后，亲自对狄仁杰进行审问，得知了其中的冤情，于是下令赦狄仁杰无罪，当众释放了他。

狄仁杰之所以能够从酷吏来俊臣的手掌中逃脱，而得以自保，就是因为他善于"形人而我无形"。他深知来俊臣残忍而卑鄙，如果硬碰的话，自己肯定会性命难保。因此，他假意招供，分散了对手的注意力，降低了其警惕性，从而为自己申冤创造了机会。

宋将毕再遇

宋朝开禧年间，金兵屡犯中原。宋将毕再遇与金军对垒，打了几次胜仗。金兵又调集数万精锐骑兵，要与宋军决战。

此时，宋军只有几千人马，如果与金军决战，必败无疑。毕再遇为了保存实力，准备暂时撤退。金军已经兵临城下，如果知道宋军撤退，肯定会追杀。那样，宋军损失一定惨重。毕再遇苦苦思索如何蒙蔽金兵，转移部队。

这时候，只听帐外马蹄声响，毕再遇受到启发，计上心来。他暗中做好撤退部署，当天半夜时分，下令兵士擂响战鼓，金军听见鼓响，以为宋军趁夜劫营，急忙集合部队，准备迎战。哪里知道只听见宋营战鼓隆隆，却不见一个宋兵出城。

宋军连续不断地击鼓，搅得金兵整夜不得休息。金军的头领似有所悟：原来宋军采用疲兵之计，用战鼓搅得我们不得安宁。好吧，你擂你的鼓，我再也不会上你的当。宋营的鼓声连续响了两天两夜，金兵根本不予理会。

到了第三天，金兵发现，宋营的鼓声逐渐微弱，金军首领断定宋军已经疲惫，就派军分几路包抄，小心翼翼靠近宋营，见宋营毫无反应。金军首领一声令下，金兵蜂拥而上，冲进宋营，这才发现宋军已经全部安全撤离了。

　　原来毕再遇使了"金蝉脱壳"之计。他命令兵士将数十只羊的后腿捆好绑在树上，使倒悬的羊的前腿拼命蹬踢，又在羊腿下放了几十面鼓，鼓声隆隆不断。毕再遇用"悬羊击鼓"的计策迷惑了敌军，利用两天的时间安全转移了。

第二十二计　关门捉贼

【原典】

小敌困之①。剥，不利有攸往②。

【注释】

①小敌困之：对弱小或者数量不多的敌人，要设法去围困他，进而歼灭之。

②剥，不利有攸往：剥，卦名，落的意思。句意为，当万物呈现剥落之象时，如有所往，则不利。此处引此卦辞，指如果对小股敌人急追或者远袭，会有不利，应尽早消灭之。

【译文】

对小股敌人，要包围起来加以歼灭（小股敌人虽然势单力薄，但行动自由，诡诈难防）。如果纵其逃去，而又穷追猛赶，那是极为不利的。

【简析】

"关门捉贼"是民间流传已久的俗语，与另一民间俗语"关门打狗"有异曲同工之妙。所谓关起门来捉贼，不仅是害怕贼人逃去，而且怕他逃走后被人利用。况且，对于逃走的贼因为恐中其诱兵之计，又不可再去追赶。

因此，"关门捉贼"是个从战略上看问题而采取的战术行动。发现小偷入屋窃物，应该突然反锁房门，呼喊左邻右舍前来捉贼，人多势众，小偷走投无路，就只有束手就擒。古人从中受到启发，用以对敌作战，将其演变成一种成功的战术谋略。

"贼"在这里变成了善于偷袭的小部队，他们行动诡秘，出没不定，行踪难测。其数量不多，破坏性却很大，常常会趁我方不备，突袭我军。对于这样的"贼"，一旦发现，万万不可放其生路。如果不小心让其逃跑，再穷追不舍，就有可能遭到对方的拼命反抗，更严重的会中其之计。

实施关门捉贼之计，"关"有百种，"捉"有千样。"关"有早关和晚关、急关和缓关、明关和暗关。"捉"有惊捉、疲捉、诱捉、困捉、斗捉。最常用的方法就是设计一个口袋阵，待敌人进入口袋后，扎紧口袋嘴，堵死其退路。当然，紧紧包围住敌人的驻地，让其无法逃跑，也是一种不错的方法。

而我们在运用关门捉贼之计时，应注意：

一、抓准时机是关键。要抓住有利时机，该关就关，该捉就捉。

二、避强就弱。一般而言，一旦将强敌困在"屋"里，他一定会闹得天翻地覆、门破屋塌。因此，所关之敌一般都是小股弱小力量，不关强敌。

三、关牢大门，防敌逃窜。首先，"关门"的地点一定既要有利于全歼敌人，又要有利于我方集中优势兵力，如此，才能增加胜数。而"贼"被关在"屋"里一定不会老实、安分，他一定会拼死抵抗，设法冲出重围。因此，大门肯定是其重要突破口，守好大门也很关键。

总之，关门捉贼，首先得布置好围困圈，并敞开大门，让敌军进来。如果敌军不进门，则想方设法引诱其进来。中国军事家中，有许多人成功地运用过关门捉贼之计，而且开得适时，关得自如。

【战例】

智胜赵括

战国后期，秦国攻打赵国，秦军在长平（今山西高平北）受阻。长平守将是赵国名将廉颇，他见秦军势力强大，不能硬拼，便命令部队坚壁固守，不与秦军交战。

两军相持四个多月，秦军仍拿不下长平。秦王采纳了范雎的建议，用离间法让赵王怀疑廉颇，赵王中计，调回廉颇，派赵括为将到长平与秦军作战。

赵括到长平后，完全改变了廉颇坚守不战的策略，主张与秦军对面决战。秦将白起故意让赵括尝到一点甜头，使赵括的军队取得了几次小胜。赵括果然得意忘形，派人到秦营下战书。

这下正中白起的下怀。他分兵几路，指挥形成对赵括军的包围圈。

第二天，赵括亲率四十万大军，来与秦兵决战。秦军与赵军几次交战，都打输了。赵括志得意满，哪里知道敌人用的是诱敌之计。他率领大军追赶被打败了的秦军，一直追到秦壁。秦军坚守不出，赵括一连数日也攻克不了，只得退兵。

这时突然得到消息：自己的后营已被秦军攻占，粮道也被秦军截断。秦军已把赵军全部包围起未。一连四十六天，赵军绝粮，士兵杀人相食，赵括只得拼命突围。白起已严密部署，多次击退企图突围的赵军，最后，赵括中箭身亡，赵军大乱。可惜四十万大军都被秦军杀戮。

这个赵括，只会"纸上谈兵"，在真正的战场上，一下子就中了敌军"关门捉贼"之计，损失四十万大军，使赵国从此一蹶不振。

袁绍围攻公孙瓒

公元199年，冀州袁绍包围了幽州的公孙瓒，公孙瓒数次突围，都败下阵来，只得退回城里。

为了有效抵御袁绍的进攻，公孙瓒下令加固工事，在城墙周围挖了十条壕堑，在壕堑上又筑起十丈高的城墙。同时，他还囤积了三百万斛（音：狐，一斛约为五斗）粮食。果然，袁绍连续几年攻城，都无功而返。

袁绍一怒之下，动用全部兵力加紧围攻。公孙瓒见情况不妙，急忙派儿子杀出重围，去搬求救兵。

后来，公孙瓒的救兵来到，他派人送信约定：以举火为号，然后内外夹击袁绍。谁知，送信的人一出城就被袁绍的部下抓获，得知公孙瓒的计谋，袁绍便将计就计，按其约定时间举火。

公孙瓒果然中计，领兵出城接应救兵，却遭到袁绍布下的军士伏击，大败而逃回城里。袁绍乘胜在城墙外挖地道，直达守城的中央。

等一切准备充分，袁绍一声令下，大批袁军仿佛从天而降，对公孙瓒的军队发起猛烈的攻击，公孙瓒精心设计的防备顷刻瓦解。公孙瓒见败局已定，杀死自己的家眷后，自尽而亡。

第二十三计　远交近攻^①

【原典】

形禁势格^②，利从近取，害以远隔^③。上火下泽^④。

【注释】

①远交近攻：原指结交远处的国家，攻打临近的国家。这样的战争，既没有门前之祸，又没有借道之难，极其有利于夺取地盘。

②形禁势格：形，地形；禁，禁止；格，阻碍，限制。此句指受到地势的阻挡与限制。

③利从近取，害以远隔：对己方有利的形势是先就近攻取敌人，越过近敌，先去攻取远隔之敌，则十分危险。

④上火下泽：火焰向上伸，池水在下面淌；两相矛盾，却可以达到暂时的联合。

【译文】

在受到地理等原因的限制，形势发展受到阻碍时，攻击近处的敌人就有利，绕过近敌去攻取远处的敌人，就是自取灾害。这就像火焰是上蹿的，水永远是向低洼处流淌一样，对于远隔的敌人，也可以同它取得暂时的联合以缓和局势，以便于各个击破。

【简析】

"远交近攻"，最初作为外交和军事的策略，是和远方的国家结盟，而与邻近的国家为敌。这样做既可以防止邻国肘腋之变，又能使敌人两面受敌，无法与我方抗衡。

具体运用时，是为了防范敌方结盟，而千方百计地制造和利用矛盾，分化敌人，逐个击破。先消灭近敌，之前"远交"的国家便又成为新的攻击对象。因此，远交并非要长久和好。远敌亦是敌人，早晚都是心腹之患。

所以说，"远交"的目的其实是避免树敌过多而采用的一种暂时性的外交诱骗，有助于集中力量应付眼前的敌人，并将其置于孤立无援的境地。而近敌一旦被消灭，远交的使命便可宣告完成。

近交的不利之处有两个：

一是暂时安抚下来的近处之敌，也随时会有翻脸的可能。

二是近敌在我们的外围，就像蚕茧蛇蜕之前一样，紧紧束缚着我们向外发展。

远攻的不利之处有三个：

135

一是远道袭人，风险颇大。

二是舍近求远，劳民伤财。

三是即便取得了胜利，占据了地盘，也反而会因为远离本土而无法保卫，成为我方沉重的包袱。

与之相对应，近攻的好处一是可以拓展我方的地盘和势力范围。近攻取得的疆土与我国土紧邻，十分便于守护及利用；二是近距离作战便于集中力量，一举夺胜。三是相对来说消耗的人力和物力较少，对国家财政不会造成严重的影响。

远交的好处一是孤立近处的敌人，使其得不到援助而束手就擒；二是结交远者本身就是一种麻痹手段，让其放松警惕，以便日后突袭获胜。

施用远交近攻之计时，需要注意以下问题：

一、对于不同的敌人要采用不同的应对策略。敌人所处的地理位置，客观条件，价值观念不同，对危险的感受也会不同，因而对我们的用途也就不同。所以对不同背景的敌人要区别对待，采取不同的对策。这样才能让自己处于有利地位，而不至于让敌人牵着鼻子走。

二、从容易攻破的地方入手，其势如破竹，可以尽快打开局面，事半功倍。获胜之后，对士气也会是一种激励，进而产生一种良性循环，反过来促进更大的胜利。相反，如果从难者开始，久攻不下，士气就会大减。因此，对付众多的敌人，就更应从易者下手，有次序、有重点地予以歼灭。

【战例】

范雎献计秦昭王

远交近攻，语出《战国策·秦策》：范雎曰："王不如远交而近攻，得寸，则王之寸；得尺，亦王之尺也。"

这是范雎说服秦王的一句名言。远交近攻，是分化瓦解敌方联盟，各个击破，结交远离自己的国家而先攻打邻国的战略性谋略。当实现军事目标的企图受到地理条件的限制难以达到时，应先攻取就近的敌人，而不能越过近敌去打远离自己的敌人。

为了防止敌方结盟，要千方百计去分化敌人，各个击破。消灭了近敌之后，"远交"的国家又成为新的攻击对象了。"远交"的目的，实际上是避免树敌过多而采用的外交诱骗。

战国末期，七雄争霸。秦国经商鞅变法之后，势力发展最快。秦昭王开始图谋吞并六国，独霸中原。公元前 270 年，秦昭王准备兴兵伐齐。范雎此时向秦昭王献上"远交近攻"之策，阻秦国攻齐。

他说：齐国势力强大，离秦国又很远，攻打齐国，部队要经过韩、魏两国。军队派少了，难以取胜；多派军队，打胜了也无法占有齐国土地。不如先攻打邻国韩、魏，逐步推进。为了防止齐国与韩、魏结盟，秦昭王派使者主动与齐国结盟。

其后四十余年，秦始皇继续坚持"远交近攻"之策，远交齐楚，首先攻下韩、魏，然后又从两翼进兵，攻破赵、燕，统一北方；攻破楚国，平定南方；最后把齐国也收拾了。秦始皇征战十年。终于实现了统一中国的愿望。

郑国用计扩势

春秋初期，周天子的地位实际上已经架空，群雄并起，逐鹿中原。郑庄公在此混乱局势下，巧妙地运用"远交近攻"的策略，取得了当时称霸的地位。

当时，郑国近邻的宋国、卫国与郑国积怨很深，矛盾十分尖锐，郑国时刻都有被两国夹击的危险。郑国在外交上采取主动，接连与邾、鲁等国结盟，不久又与实力强大的齐国在石门签订盟约。

公元前719年，宋卫联合陈、蔡两国共同攻打郑国，鲁国也派兵助战，将郑国东门围困了五天五夜。虽未攻下，郑国已感到本国与鲁国的关系还存在问题，便千方百计想与鲁国重新修好，共同对付宋、卫。

公元前717年，郑国以帮邾国雪耻为名，攻打宋国。同时，向鲁国积极发动外交功势，主动派使臣到鲁国，商议把郑国在鲁国境内的访枋交归鲁国。

果然，鲁国与郑重修旧谊。齐国当时出面调停郑国和宋国的关系，郑庄公表示尊重齐国的意见，暂时与宋国修好。齐国因此也对郑国加深了感情。

公元前714年，郑庄公以宋国不朝拜周天子为由，代周天子发令攻打宋国。郑、齐、鲁三国大军很快攻占了宋国大片土地。

宋、卫军队避开联军锋芒，乘虚攻入郑国。郑庄公把占领宋国的土地全部送与齐、鲁两国，迅速回兵，大败宋、卫大军。郑国乘胜追击，击败宋国，卫国被迫求和。郑庄公势力扩张，霸主地位形成。

第二十四计　假道伐虢①

【原典】

两大之间，敌胁以从，我假以势②。困，有言不信③。

【注释】

①假道伐虢：春秋时期，晋国想要吞并邻近的两个小国"虞"和"虢"。于是，先用珍宝、名马贿赂虞公，让他允许晋国从虞国借道通过去攻打虢国。不料，虢国被攻下之后，晋国在归途中顺便把虞国也灭掉了。

②假：假借。

③困，有言不信：困，困乏，卦辞。此处运用卦理，是说小国面临胁迫时，我国如果只空承诺出兵援救，而不采取相应的行动，是难以令其信任的。

【译文】

　　处于敌我两个大国之间的小国，当有敌方威胁它屈服的时候，我方应立即出兵援助，以取信小国，顺势扩展我国势力。对处于这种困境的国家，如果只空谈支援而无实际行动，它是不会轻易相信我们的。

【简析】

"假道伐虢"，有瞄准时机，渗透势力的含义，这种行动不是靠花言巧语可以骗取的。

前提是需要借道的小国正好处于不利的形势，敌方企图用武力来逼迫其降服。我方此时就可以用不侵犯它的利益作保证，利用它侥幸图存的心理，立刻把力量扩展进去，控制整个局面。这样，小国最终势必不能自立，我方不必发动战争，就可以轻而易举地将其拿下。

而"假道伐虢"更深的含义，是一种军事上的跳板战略。其意在于先利用甲（小国）做跳板，去消灭乙。此时甲放松了警惕，也失去了救援，在回师的路上就可以连甲也一并消灭掉。这是一种以借路为名，行霸占之实的计策。

小国的君主之所以会心甘情愿地提供便利给他国，一是出于对利益的考虑，一是对势力的思量。

就第一种情况而言，一般来说，小国的君主都会预料到借道对自身的不利后果，但是在巨大的利益面前，他往往会装出一副糊涂的模样，被眼前暂时的利益蒙蔽双眼，不明不白地就把国家拱手相送了。

而后一种情况，被借道的国家大多实力比较弱小，于是奢望通过借道给大国，灭掉与自己相邻的国家。一方面自己可以坐收渔利，另一方面可以与大国攀上关系，保一个平安。殊不知，"卧榻之侧，岂容他人酣睡"？大国既然可以借你之路灭邻国，就一样可以将你收入囊中。

对于施计者来说，此计的关键在于"假道"。要善于寻找"假道"的借口，理由也要充分，并善于隐蔽"假道"的真正企图，而后突出奇兵，往往可以轻松取胜。

【战例】

假道伐虢

春秋时期，晋国想吞并邻近的两个小国：虞和虢。

这两个国家之间关系不错，晋如袭虞，虢会出兵救援；晋若攻虢，虞也会出兵相助。大臣荀息向晋献公献上一计。

他说，要想攻占这两个国家，必须要离间它们，使它们互不支持。虞国的国君贪得无厌，我们正可以投其所好。

他建议晋献公拿出心爱的两件宝物，屈产良马和垂棘之璧，送给虞公。献公哪里舍得？

荀息说：大王放心，只不过让他暂时保管罢了，等灭了虞国，一切不都又回到你的手中了吗？献公依计而行。虞公得到良马美璧，高兴得嘴都合不拢。

晋国故意在晋、虢边境制造事端，找到了伐虢的借口。晋国要求虞国借道让晋国伐虢，虞公得了晋国的好处，只得答应。虞国大臣宫之奇再三劝说虞公，这件事办不得。虞、虢两国，唇齿相依，虢国一亡，唇亡齿寒，晋国是不会放过虞国的。

虞公却说，交一个弱朋友去得罪一个强有力的朋友，那才是傻瓜哩！

晋大军通过虞国道路，攻打虢国，经过四个月取得了胜利。班师回国时，把劫夺的财产分了许多送给虞公。虞公更是大喜过望。晋军大将里克，这时装病，称不能带兵回国，暂时把部队驻扎在虞国京城附近。虞公毫不怀疑。

几天之后，晋献公亲率大军前去，虞公出城相迎。献公约虞公前去打猎。不一会儿，只见京城中起火。虞公赶到城外时，京城已被晋军里应外合强占了。就这样，晋国又轻而易举地灭了虞国。

吕不韦奇货可居助异人

秦昭王时，阳翟（今河南禹县）商人吕不韦去赵国都城邯郸做生意。当时，秦国公子异人（后返秦改名子楚）在赵国做人质，"居处困，不得意"，吕不韦一眼便看中异人"奇货可居"，主动登门拜访。

吕不韦对异人说："我可以使您显赫。"

异人无奈而笑道："待你显赫之后，再让我借光吧！"

而吕不韦则严肃地说："您有所不知，是我的显赫需要借助您的显赫啊！"

于是，两人入座深谈。其后，异人顿首发誓说："计成，我将与君共享秦国之利。"

吕不韦以往之生意，贩贱卖贵，总共积累，只有千金。他拿出五百金给子楚，让其结交宾客。以所余五百金，置妥奇物玩好，他亲自携带西行秦国，通过秦国太子华阳夫人的姐姐，转给华阳夫人。

当时的秦国，秦昭襄王还在位；此前，公元前267年，秦太子死，昭襄王以其第二个儿子安国君为太子。安国君有儿子二十余个，异人便是其中的一个，其母亲为夏姬。安国君真正喜欢的是华阳夫人，因而立华阳夫人为正，只是华阳夫人没有儿子。

吕不韦在华阳夫人的姐姐面前，"称赞"异人贤孝；他说，异人宾客遍布天下，而且常常日夜哭泣，思念安国君与华阳夫人，并说异人以华阳夫人为青天。

吕不韦还对华阳夫人的姐姐说："我听说，以色事人，色衰之后，爱情松弛。现在，华阳夫人与安国君恩恩爱爱，然而没有儿子。如果华阳夫人不在繁华时树木，趁早结好于二十余个儿子中的贤孝者，举嫡收子，则色衰情弛之后，即便能够开口也难以如愿啊！现在，异人贤孝，他理解自己处于长幼之间，地位难以为嫡。华阳夫人诚宜此时向安国君提出以异人为嫡，则'异人无国而有国，夫人无子而有子'。异人为子，子者为王，华阳夫人就能够实现：夫在而重尊，夫去不失势。这是'一言而万世之利'的考虑啊！"

于是，华阳夫人收异人为子，安国君立异人为嫡。与此同时，安国君还请吕不韦以师傅名义辅佐异人；异人名誉日盛。

吕不韦在邯郸娶了赵姬，赵姬天姿国色。异人好色，见赵姬，便想与之白头偕老，竟然开口请吕不韦相让。吕不韦含怒，但是他想：既然我已经破家钓奇，怎么能够半途而废呢？于是，他深谋远虑，狠心地献出了赵姬。当时，赵姬已经怀孕，她瞒着异人，期年生子，取名政，就是后来的秦始皇。

公元前 257 年，安国君立异人为嫡之后，秦昭襄王出兵围攻邯郸，赵国要杀掉作为人质的异人。吕不韦以六百金贿赂赵国守将，助异人只身脱逃。赵国又要杀掉异人之妻赵姬及子嬴政，赵姬本为赵国的豪家之女，因此得以隐匿存活。

公元前 249 年，秦昭襄王死，太子安国君即位（即孝文王），华阳夫人为王后，子楚（即异人）为太子。孝文王除孝三天亦死；于是，子楚即位，就是秦庄襄王，华阳夫人为太后，子楚生母夏姬也尊为太后。子楚夫人赵姬携子嬴政回到秦国。秦庄襄王随即以吕不韦为丞相，封其为文信侯，食邑为河南洛阳十万户。

三年之后，公元前 246 年，秦庄襄王死，年方十三的嬴政即位。秦王嬴政拜吕不韦为相，尊为"尚父"。吕不韦还组织集成了一部"备天地万物古今之事"的不朽之著《吕氏春秋》。

一个商人，没有家族背景，处心积虑地凭借千金成本，"假道伐虢"；十年时间，博弈成十万户侯，如果仅从商战角度审视，亦堪为经典案例啊！

第二十五计　偷梁换柱①

【原典】

频更其阵②，抽其劲旅③，待其自败，而后乘之④，曳其轮也⑤。

【注释】

①偷梁换柱：原意是指暗中更换掉事物的内容，以蒙混欺骗对方。后来引申为抽调对方主力，其阵势也随之垮掉。

②频：频繁、不断。阵：古代作战时的布阵。

③劲旅：精锐部队，此处指主力部队。

④乘：乘机、乘势。乘之：乘机对其加以控制或吞并。

⑤曳：拖住、拉住。曳其轮：拖住车轮，车子便不能前行，这是显而易见的，就如同抽去了梁柱，房屋就会倒塌一样。

【译文】

设法频繁不断地调动和变更敌方阵容，借以促使其抽换主力。待它外实而内虚，自趋失败之时，就可以乘机击垮它。这就好像拖住了轮子，也就掌控了整个车辆的运行一样。

【简析】

"偷梁换柱"是一种偷换概念的计策，是通过暗中变换事物的本质或内容，以达到蒙混欺骗之目的的策略。

古代作战，双方要摆开阵势，列阵都要按东、南、西、北方位部署。阵中有"天横"，首尾相对，相当于阵的大梁；"地轴"在阵中央，是阵的支柱。梁和柱的位置往往就是部署主力部队的地方。因此，仔细观察敌方的阵容，就能找出敌军的主力所在。

一间房的梁柱被换掉，那么房子就会倒塌；同理，一支军队的主力如果被偷换，那这支军队就要垮掉。要知道，两军对垒，各有所长，有时往往是两败俱伤。但如果能用计将对方的精锐力量抽掉，使之以次充好，然后以强击弱，胜券便多了几分。

而如果是与其他部队联合作战，则可以设法多次变换自己的布阵，暗中抽出主力，用友军的部队去代替它的梁柱，这样暗中将盟友兼并过来，统一意志，统一行动，一致对敌。这是"偷梁换柱"之计更深层次的含义。

因此，如何抽调和能否抽调敌方或友军精锐主力，就成为运用此计的关键。引诱，或用变换的手法（假象）迫使其自行调动，是比较好的办法。但一定要注意，调换必须在十分隐蔽的状态下进行，只有在敌人没有发现任何破绽的时候，才能实现用次要的换主要的，用假的换真的，用坏的换好的，实现自己的目的。

【战例】

赵高换诏

秦始皇称帝，自以为江山一统，是子孙万代的家业了。但是，他自以为身体还不错，一直没有立太子，指定接班人。宫廷内，存在两个实力强大的政治集团。一个是长子扶苏、蒙恬集团，一个是幼子胡亥、赵高集团。

扶苏恭顺好仁，为人正派，在全国有很高的声誉。秦始皇本意欲立扶苏为太子，为了锻炼他，派他到著名将领蒙恬驻守的北线为监军。幼子胡亥，早被娇宠坏了，在宦官赵高教唆下，只知吃喝玩乐。

公元前210年，秦始皇第五次南巡，到达平原津（今山东平原县附近），突然一病不起。

此时，秦始皇也知道自己的大限将至。于是，连忙召丞相李斯，要李斯传达秘诏，立扶苏为太子。当时掌管玉玺和起草诏书的是宦官头儿赵高。赵高早有野心，看准了这是一次难得的机会，故意扣压秘诏，等待时机。

几天后，秦始皇在沙丘平召（今河北广宗县境）驾崩。李斯怕太子回来之前，政局动荡，所以秘不发丧。

赵高特意去找李斯，告诉他，皇上赐给扶苏的信，还扣在我这里。现在立谁为太子，我和你就可以决定。

狡猾的赵高又对李斯讲明利害，说，如果扶苏做了皇帝，一定会重用蒙恬，到那个时候，宰相的位置你能坐得稳吗？一席话，说得李斯果然心动，二人合谋，制造假诏书，赐死扶苏，杀了蒙恬。

赵高未用一兵一卒，只用偷梁换柱的手段，就把昏庸无能的胡亥扶为秦二世，为自己今后的专权打下基础，也为秦朝的灭亡埋下了祸根。

吕后杀韩信

吕后杀韩信，历史众说纷纭。历史上的是非功过，不是一下子说得清楚的。这里并不想作什么评价，仅用此例，再次说明"偷梁换柱"的计谋，在历史上也往往发挥政治权术作用。

楚汉相争，以刘邦大胜，建立汉朝为结局。这时，各异姓王拥兵自重，是对刘氏天下潜在的威胁。剪灭异姓诸王，是刘邦日夜考虑的大事。

异姓诸王中，韩信势力最大。刘邦借口韩信袒护一叛将为由，把他由楚王贬为淮阴侯，调到京城居住，实际上有点"软禁"的味道。韩信功高盖世，忠于刘邦。当年楚汉相争，战斗激烈之时，谋士蒯彻曾建议韩信与刘邦分手，使天下三分。韩信拒绝了蒯彻的建议，辅佐刘邦夺得天下。而今却落得这样的下场，心中怨恨至极。

公元前 200 年，刘邦派陈豨为代相，统率边兵，对付匈奴。韩信私下里会见陈豨，以自己的遭遇为例，警告陈豨，你虽然拥有重兵，但并不安全，刘邦不会一直信任你，不如乘此机会，带兵反汉，我在京城里接应你。两个人秘密地商量好，决定伺机起事。

公元前 197 年，陈豨在代郡反汉，自立为代王。刘邦领兵亲自声讨陈豨。韩信与陈豨约定，起事后他在京城诈称奉刘邦密诏，袭击吕后及太子，两面夹击刘邦。

可是，韩信的计谋被吕后得知。吕后与丞相陈平设下一计，对付韩信。吕后派人在京城散布：陈豨已死，皇上得胜，即将凯旋。

韩信听到这个消息，又没有见到陈豨派人来联系，心中甚为恐慌。

一日，丞相陈平亲自到韩信家中，谎称陈豨已死，叛乱已定，皇上已班师回朝，文武百官都要入朝庆贺，请韩信立即进宫。韩信本来心虚，只得与陈平同车进宫。结果被吕后逮捕，囚系在长乐宫之钟室。

半夜时分，韩信被杀。后世称"未央宫斩韩信"。一世英名的韩信至死也不知道，陈豨已死的消息，完全是谎言。陈豨叛乱，是在韩信死了两年之后才平定的。

第五套　并战计

并战计，是指敌我双方势均力敌，军备相当，相持不下的一种战场形势。对其中任何一方都不存在速战速决的可能性，也不可能有浑水摸鱼、乱中取胜的机会，在这种形势之下，就得妙思攻守之计。

第二十六计　指桑骂槐[①]

【原典】

大凌小者[②]，警以诱之[③]。刚中而应，行险而顺。

【注释】

①指桑骂槐：原意指对着张三骂，实际却想达到教训李四的目的。用在军事上，通常是用"杀鸡儆猴、敲山震虎"的暗示手法树立威信，指挥三军。

②大凌小者：凌，凌驾、控制。意为强大者控制弱小者。

③警以诱之：警，使用警戒的方法；诱，诱导。意为用警告的方法诱导（弱小者）。

【译文】

强大者慑服弱小者，要善于利用威吓、警告的方法去诱导。适当的威严和强硬可以得到较广泛的响应和拥护，在危急时刻使用果敢的手段才能使人敬服。

【简析】

　　"指桑骂槐"，原意是指着桑树骂槐树，后来引申为一种骂人的艺术：成为甲通过骂丙，教训乙的旁敲侧击战略。

　　在环境、身份、礼节等多种因素的限制下，骂人者想骂某人，但又不便于直接骂，于是另外找个对象来骂。让被骂者得到警戒，明明感觉到在挨骂，却因为没有被指名道姓，找不到回击的把柄，即便咬牙切齿也无法站出来还击，有苦难言。

　　因此，此计可成功地避免正面冲突。

　　作为一种计谋，指桑骂槐在军事上是一种用"杀鸡儆猴"的手段严肃法纪、树立威信的策略。顽皮的猴子，经常不服调教，训猴人便当其面杀鸡，用鲜血淋漓的下场来恐吓它，这样猴子便乖乖地驯服了。

　　"指桑骂槐"之计，就是要达到敲山震虎、警戒逞威的效果。即用敲击山梁的办法来显示威风，进而威慑老虎。

　　而这里的敲山只是一种摆出来的架势，意在向老虎展示自己的威力及强硬态度，好让其意识到对手很强大，难以对付，因此不可小觑。如果不老老实实、规规矩矩地顺从或降服，就会有悲惨的下场。

【战例】

郭威杀爱将以慑军

　　"指桑骂槐"用在治军上，就是杀鸡给猴看，杀人给人看。

目的是给其警觉，让其乖乖就范。有时在"士难诛尽"、法不责众的情况下，就可以通过这种处理一人来警戒众人的方式达到杀一儆百的效果。

五代十国时，后汉李守贞、赵思绾、王景崇沆瀣一气，发动了著名的"三镇之乱"。后汉朝廷派大将郭威统兵征伐。

郭威出征前，特意向老太师冯道请教治军之策，冯道说："李守贞是员老将，他所依靠的是官卒同心。如果你能重赏将士，必能胜于他，并将其制服。"郭威听后连连称是。

出兵后，郭威很快进抵李守贞盘踞的河中城（山西永济县蒲州镇）外，断绝了其与外界的联系，试图用长期围困的方法，逼迫李守贞降服。

遵照冯道的教诲，郭威对部下有功即赏，将士受伤患病即刻探望，犯了错误也不加追罚。时间一长，郭威果然赢得了军心，但也因此助长了姑息养奸之风。

李守贞陷入重围后，数次欲向西突围，以便与赵思绾取得联系，但都被郭威击退，一筹莫展。一天，李守贞在听到将士们议论郭威治军的事情时，突然眉头一皱，计上心来。

他派一批精明的将士扮作河中城百姓，潜出城外，在郭威驻军营地附近开了几家酒店，这些酒店不仅价格低廉，还可以随意赊欠。

于是，郭威的士卒们经常三五成群地到酒店喝酒，一喝便是酩酊大醉，将领们对此也不加约束。

李守贞见妙计奏效，便悄悄地派出部将王继勋，率领千余精兵乘夜色潜入河西后汉军营，发起突然袭击。后汉军没有丝毫戒备，连巡逻骑兵此时都喝得不省人事。

突然，郭威从梦中惊醒，慌忙遣将增援。将士们却一个个你看看我，我看看你，全都畏缩不前。危急中，裨将李韬舍命冲出。这时，众将士才大喊一声，憋足气，跟了上去。最后，王继勋因兵力太少，功亏一篑，无奈退回了河中城。

这一次突击，为郭威敲响了警钟。他痛感军纪松弛的巨大危险，于是立即下令："除了犒赏宴饮，所有将士不得私自饮酒。违者军法论处。"

谁知，军令刚刚颁布的第二天清早，郭威的爱将李审就率先违令饮酒。郭威又气又恨，考虑再三，最后还是命人将李审拖出营门，斩首示众，以正军法。众将士见郭威斩杀爱将李审，甚是惶恐，赶紧收起放纵之心，使军纪得以维护。

不久，郭威向河中城发起猛攻，一举平定了李守贞，随后又镇压了赵思绾和王景崇之军，"三镇之乱"终于结束了。

不难看出，郭威的"指桑骂槐"甚是及时，如果当初他碍于情面，继续姑息养奸，那最终高唱凯歌的就会是李守贞、赵思绾、王景崇三人了。

田穰苴正军纪

"指桑骂槐"，是迂回曲折的成功谋略。在军争中，一般采用这一谋略，将自己的意图传递给对方，用你对某事某人的斥责、惩罚，来警告、暗示那些藐视你权威、不服从你命令的人。即用不直接的方式、方法，去治服他人。

春秋末期，晋国进攻齐国的阿、鄄地区时，燕国也正在侵犯齐国的黄河南岸地区。齐国的军队连连战败，让齐景公十分恼怒。

一日早朝，齐景公环视群臣，叹息道："难道众卿就不能为朕推荐一治国之才吗？"

大夫晏婴立刻上前奏道："臣向大王荐田穰苴。这田穰苴虽是田君之妾所生，但文才却让众人信服，武略也让敌人畏惧惶恐。如果大王能任用田穰苴，定能将入侵之敌拒于国门之外。"

齐景公大喜，第二天便派晏婴将田穰苴请进宫来。

对齐景公提出的军事政治疑虑，田穰苴无一不晓，并能从容对答，他的文韬武略，让齐景公非常满意。随后，齐景公传旨在景阳宫设宴款待田穰苴，并于席间宣布任命其为大将军，奉命统率齐军抵抗晋国和燕国的入侵之敌。

田穰苴马上走出宴席，跪地谢恩："田某叩谢大王重用之恩。鄙人本来是地位很低的人，大王把我从平民中提拔出来，并加官在众大夫之上。但是我恐怕士卒不信服，百姓不拥护。我请求大王派一位您所宠信并受全国军民尊敬的人做我的监军，这样我才会遵从大王的任命，拼死报国。"

齐景公点头应允。

第二天，齐景公召集文武百官，正式任命田穰苴为齐国大将军，并将其宠臣庄贾提拔为监军，辅佐田穰苴。

下朝后，田穰苴和庄贾商定于次日正午在军营大门会见，共商出兵大事。田穰苴回营后，便差人设置好计时的日表和漏壶，等待庄贾的到来。

第二天，庄贾的亲戚和下属设宴为他饯行。快到正午，方有一下属提醒："监军不是与大将军约好正午商讨用兵之事吗？还请监军酌量为好。"

此时，庄贾已有微微醉意："什么大将军，不过是一个平民，他统率的还是我的部队。商讨用兵？让他等会儿吧！"随后，继续举杯豪饮。

眼看时至正午，端坐在中军帐的田穰苴问左右："监军来了吗？"

右右答："监军尚未进营。"

"此已何时？"

左右答："时过正午。"

田大将军当即命人砍倒日表，倒掉漏壶里的水，随后鸣金升帐，点将后，颁军纪于三军。

傍晚，庄贾才带大批使者缓缓乘车驶进军营，面带醉容来到田穰苴面前。

田穰苴问庄贾："监军为何过了约定时辰才到？"

庄贾答："亲戚为本监军饯行，故而耽搁了。"

田穰苴说："所谓将士，就是要从接受命令那天起忘记自己的家，临战之前忘掉他所有的亲人，战斗开始后更要将生死置之度外。况且，如今敌军已入侵边境，国内人心浮动。士卒在边境苦战，君不能寐，民不能咽，你居然还在搞什么饯行！"

庄贾将头一摆，不屑地说："饯行又怎么样？"

田穰苴大怒："军法官，依照军法，在规定时间内无故晚到的，应如何处置？"

军法官答："依军法，应予斩首。"

田穰苴大喝一声："那好，正军纪，将监军推出辕门外斩首！"

庄贾此时酒已醒，呼喊着让使者去向齐景公求救。

庄贾被斩首后，田穰苴将其首级升上旗杆，警示三军，全军大为震惊。

此时，齐景公派遣的使者才拿着符节，乘车匆匆赶到军营，救赦庄贾。田穰苴说："将在外，君命有所不受。庄贾违反军纪，已被正法。"接着，他又问军法官："军营中不准驰车，现使者乘车驰入军中，按军法如何处置？"

军法官答："应当斩首。"

使者十分害怕。田穰苴说："君王的使者不能杀。"于是他只下令杀了使者的仆人，砍了使者车子左边的木杆，杀了在右边驾车的马。警示三军，今后若有在军中驰车者，一律斩首。

从此以后，全军将士再也不敢轻视田穰苴、违犯军纪了。

由于田大将军军令如山，又能和士兵同甘共苦，最终军威大震。因此，他带领齐军成功抵御了晋国和燕国，收复了失地，保卫了齐国。

在这里，田穰苴运用的便是"指桑骂槐"的谋略，通过惩罚几个人来震慑其他人，以使其归顺，大振士气。

第二十七计　假痴不癫^①

【原典】

　　宁伪作^②不知不为，不伪作假知妄为。静不露机^③，云雷屯也^④。

【注释】

　　①假痴不癫：痴，呆傻；癫，发狂。意思为外表呆傻，内心却清醒。

　　②伪作：假装、佯装。

　　③静：沉静，平静。机：这里指心机。

　　④云雷屯：茅草穿土初出叫做"屯"。云在雷上，说明茅草穿土初出之时，遇雷雨交加。在这里指：有作为的人大智若愚，暗中运筹。运用计谋就像雷电在发声、发光之前那样沉静，蓄势待发。

【译文】

　　宁可假装不知道而按兵不动，也不要假装聪明而轻举妄动。做事

159

要沉着镇静，不能泄露自己的真实动机。这就像迅猛激烈的云雷在冬季藏入地下时，如蓄力待发般平静。

【简析】

"假痴不癫"，是从民间俗语"装疯卖傻"、"装聋作哑"转化来的。在日常生活中，人们为了回避某种矛盾或渡过某种危难，或者对付某个实力强大的对手时，故意在一段时间内装作愚蠢痴呆，以保全自己，趁势出击，战胜对手。

"假痴不癫"之计，重点在一个"假"字。这里的"假"，痴痴呆呆，内心里却特别清醒。实属高招。因此，此计常常被野心勃勃又颇有心计的人运用。他们往往在实力还不够强大，时机还不够成熟的时候，用假痴迷惑众人，以掩盖自己的真实企图。

此计用于政治谋略，属于韬晦之术。在形势不利于自己时，表面上装痴扮呆，给人以碌碌无为的假象。其实质是隐藏自己的才能，掩盖满腔的政治抱负，躲开政敌的警觉，避开其锋芒。而后专一等候时机，完成自己的使命。

在军事上，有时是为了以退求进，以达到后发制人。这就像云势压住雷动，不露声色，最后一旦爆发，必定出其不意而获胜。

要很好地理解"假痴不癫"之计，可以从以下几种含义进行把握：

一、难得糊涂。糊涂是很难做到的，所谓的难，就难在本不

160

是真糊涂，却还要装糊涂。目的就在于让别人完全相信你，并以真糊涂来对待你。

二、大智若愚。在条件不利的情况下，为了保护自己，常常以装疯卖傻、装聋作哑来蒙混对方。这种假作不知，假作不为，假作不是的做法，表面上让人觉得与世无争，弱而无能，实际却精明至极。

三、不露玄机。要做到静不露机，蓄而待发。之所以要把内心的想法深藏起来，不让人知道，是因为要等待时机的成熟。在时机不成熟的情况下，过早地暴露自己的意图，一定会惨遭失败。

四、深藏若虚。本来很有秩序却故意表现出混乱的样子；本来很饱暖，却露出饥寒的模样；本来人很多，却让人觉得人数很少；本来很勇猛，却表现出很怯弱的样子；本来准备充足，却表现出毫无防备的样子，由此麻痹对手，获取成功。

【战例】

王允之装痴避祸

在欲渡难关时，也可运用"假痴不癫"之计。形势十分危急，对方有可能会置你于死地时，你别无良方，只能装痴扮呆。

东晋时代，有一位名叫王允之的孩子，生性机灵，极其善于揣摸大人的心理。

王允之的伯父是东晋的大将军王敦。此人执掌朝政，骄横跋扈，对人残暴凶狠。一次，他为了强迫客人喝酒，竟接连狠心杀死了几个敬酒不成的美女，让客人难以夹菜下咽。因此，人称他为杀人不眨眼的魔王。

一天晚上，王允之照例和王敦睡在一起。天亮时分，王敦被一名手下唤醒。王敦忙起床与其密谈："喂，我叫你准备的兵马和武器怎样了？"

"将军大人，万事俱备，只欠东风了。"

"好极了。你打算几时动手包围王宫？"

"务必严加保密，若有外人知晓此事，格杀勿论！"

王敦同那心腹越谈越兴奋，完全忘记了帐子里还有一个小孩在睡觉。

此时的王允之早已醒了，并听到了关于他们谋反的所有内容。因为害怕处在险境之中，情急生智，他用手指往喉咙里死命地深抠，将隔夜的酒饭呕吐了一床。接着，他闭起眼睛，装作熟睡的样子，微微打起鼾来。

王敦跟手下谈了许久，突然想起自己身后的床上还睡着王允之，惊恐之余，慌忙奔去。掀开帐子一看，不禁释然大笑，捂着鼻孔，自言自语道："难闻死了，简直像头醉酒的小死猪！小孩就是小孩啊，安全得很！"

原来，满床呕吐物发出一阵阵的酸臭之味，而王允之正兀自埋在污秽里酣睡呢。

王允之装痴扮呆，小小年纪就用自己应变的智慧，装醉酣睡，逃过了被魔王杀人灭口的灾祸，不能不让人称叹其虽小却有勇谋！

杨行密妙计诛叛贼

"假痴不癫"其实是一种缓兵之计，实际上是自己心里十分明白的愚弄人的策略。用此计一定要熟知古人"谋出于智，行于密，败于露"的教诲，冷静沉着，不露机锋，蓄势而发。

唐末，杨行密被昭宗封为吴王后拥兵自重，建立了以淮南（今江苏扬州）为中心的割据地盘。

其手下的诸多小军阀都很听话，唯有润州团结使安仁义和奉国节度使朱延寿不太听从节制。朱延寿仗着自己是杨行密的小舅子，另立中心，培植势力，有不忠之心。

于是，杨行密暗中派人打入朱延寿内部进行监视。

暗探来报，朱延寿与安仁义来往甚密，信使不断。二人都在极力扩充兵马，积蓄粮草。朱延寿的姐姐、杨行密的夫人也常派信使去朱延寿处，传递消息。

杨行密想到，唐末的战乱局势是明摆着的。各大节度使都拥兵自重，不愿听从朝廷调遣。争夺天下的割据战争是避免不了。但要对外作战，必先稳定内部。现在战争还未开始，正是稳定内部的好时机。

想要平定内部，看来必须先消灭朱延寿等叛逆势力。然而，他们羽翼已丰，只可智取，不可强攻。不然二虎争斗，伤了各自势力，外部敌人就会乘虚而入。而要想智取朱延寿，就得先迷惑他，当然，也包括他的姐姐。

于是，杨行密慌称自己患了眼疾，看东西一片模糊。朱延寿派使者送信，他也故意念得颠三倒四。后来，干脆让别人代念来信。

使者将此情况汇报给朱延寿，朱延寿心中大喜。自己虽存另立之心，但深知杨行密并不好对付。他率兵多年，英勇善战，自己根本不是他的对手。谁知天助人愿，如今杨行密患上眼疾，就算他有千种本事，没眼也是白搭。

不过，谨慎的朱延寿为了彻底放心，思量再三，决定让姐姐为自己试探一下。心想，如果杨行密真的瞎了眼，自己就马上带兵进驻淮南王府。

朱延寿的姐姐接到消息，便尽力窥探、观察。见杨行密几时回家，都摸索探路，便确定其果真有眼疾。但她仍不放心，怕万一杨行密有诈，送了她弟弟的性命，于是使出一计来。

一天，风和日丽，朱延寿的姐姐故意约丈夫杨行密去湖边踏青。那湖边种了很多柳树，密密排排，很不好走。朱延寿的姐姐挽着杨行密，有意把他领到一棵柳树前。杨行密见状，便明白了夫人的用心，于是将计就计向柳树碰去，一下子趴在地上，昏迷了过去。

朱延寿的姐姐见丈夫真撞昏了，赶忙呼救。众人围了半日，杨行密才苏醒过来，哭着对夫人讲："原想成就一番大业，哪知天不遂人愿，让我失了明。几个儿子都不争气，看来这吴王的位子只能交给延寿了。"

朱延寿的姐姐闻听大喜，忙送信给朱延寿。朱延寿立即以探疾为名来到淮南。杨行密装作不能出门迎接，传朱延寿到卧室相见。而杨行密早已在枕头下藏了匕首，乘朱延寿俯下身来看眼疾时便一刀刺死了他。

朱延寿一死，杨行密便休了朱夫人，随后发兵去润州擒获了安仁义，最终巩固了内部。

杨行密的"假痴不癫"之策用到至亲头上，虽然不宜效仿，但用在统一军心上却无可厚非，堪称用心良苦！

第二十八计　上屋抽梯

【原典】

假之以便①，唆②之使前，断其援应，陷之死地③。遇毒，位不当也④。

【注释】

①假：假给，借。便：便利。

②唆：唆使，这里引申为诱使。

③死地：中国古代兵法用语，是一种进亦无路，退也不能，不经过死战难以生存之地。

④遇毒，位不当也：原意是古人认为抢吃腊肉会中毒。这里比喻贪求不应得的利益，必招致祸患。运用于军事上，即指因贪图小利而盲目进军，会有很大的危险，硬要强行进军，必将陷于死地。

【译文】

故意露出破绽，引诱敌人盲目前进，渗入己方，然后选择有利时机，断绝敌人的前应和后援，使其陷入绝境。这就如同贪吃有毒素的腊肉而中毒，贪图不应得的利益，必招致后患。

【简析】

"上屋抽梯"原意指巧设梯子，引诱对方登梯上房，然后抽走梯子，断其后路，使之进退两难，无法逃脱，只得屈服，任我摆布。

要"上屋抽梯"，先得"置梯"诱敌，故意露出一些破绽，给对手提供便利，然后截断其后援及接应，使之陷入孤立无援的境地后加以处置。这是此计的全旨所在。

一般来说，容易诱骗的对象有四种：一是贪而不知其害者；二是愚而不知其变者；三是急躁而盲动者；四是情骄而轻敌者。

而安放梯子，也有很大的学问。对生性贪婪之敌，可以利诱之；对情骄之敌，可以示己方之弱惑之；对莽撞无谋之敌，可设下圈套使其中计。总之，要根据敌人的具体情况，巧妙地安置梯子。既不能招致敌人的猜疑，也要能让敌人清楚而容易地看到梯子。

同样，在运用本计谋时，"抽梯"也要讲究技巧，迅速快捷。要根据不同的情况采用不同的抽法，或真或假、或快或慢、或缓或急、或明或暗。至于最后采用哪种抽法，要依当时的客观形势而定，切勿主观臆断、生搬硬套，让计谋无法顺利实施。

【战例】

贾后废太子

晋惠帝司马衷即位后，便立司马通为太子。司马通是司马衷登基前与宫中的才人谢玫所生。母因子贵，谢玫也因此由才人升为淑媛（嫔妃的称号）。

皇后贾南风本就嫉妒成性，加上自己没生下儿子，更是对太子横竖看不顺眼。在亲信的怂恿下，贾后决定用"上屋抽梯"之计废掉太子。

一日，贾后以皇帝身体不适为由，将太子召入宫。太子进宫后，没有见到皇帝，而是被引到了一间侧室。

此时，一个宫女端着三升酒和一大盘枣走了进来，称这是皇上所赐，要太子就着枣把酒喝完。太子说："陛下的赏赐我自然不敢推辞，只是我平素吃不了三升酒，现在空着肚子更喝不了这么多！"

宫女照着贾后教给她的话说："你真是大不孝！皇上赐酒，难道其中还有毒不成？"

太子无奈，只得把三升酒全部喝下。

就在太子醉得迷迷糊糊之时，一个宫女手拿一份文稿对太子说："皇上有令，让太子把这份文稿抄写一遍。"

太子醉得对眼前的文稿难辨真伪，不长的文字也让他抄得丢三落四。回宫后，他倒头便睡，根本记不清自己做了些什么。

第二天，惠帝临朝，太子抄写的文稿被递了上来，只见上面写着："陛下应当自己了结，你自己不了结，我就入宫把你了结。皇后也应当自己了结，如果她不自己了结，我就亲手将她了结……"

惠帝一见是太子的笔迹，不禁大惊失色，忙和众臣商议该如何处置太子。

贾后死党董猛说："太子犯上，理应处死。"

惠帝最终还是动了恻隐之心，废太子为庶人，免其一死。不久，太子便被押到金墉城幽禁起来，他的母亲谢玖也惨遭杀害。

一计"上屋抽梯"，一篇贾后事先让人起草好的文稿，就这样轻而易举地将太子变成了阶下囚。

赵高谗言害李斯

"上屋抽梯"之计，与"过桥拆板"、"过河拆桥"类似，比喻诱人前去做某件事而断绝其退路，有蓄谋暗中使坏的意思。

秦朝末年，秦二世荒淫无度，加上赵高助纣为虐，让百姓一度生活在水深火热之中。丞相李斯力谏秦二世，屡屡不见效，反而因此被赵高怀恨在心。为此，赵高决定使用"上楼抽梯"一计，将进谏的李斯置于死地，达成自己夺取丞相之位的目的。

一日，趁着李斯有恙，赵高假意关心前往探视。二人谈起秦二世时，赵高故意叹了一口气说："函谷关以东盗贼纷起，无知的皇上却从那里大量抽人服徭役，修建阿房宫，这将有害于国家啊！"

李斯立即回应："作为臣子，吾等都应该从国家社稷出发，多为皇上出善谋啊。"

赵高赶紧吹捧道："您是三朝元老，德高望重，又居丞相高位，敢于犯颜劝谏，为什么独独这件事，不劝劝皇上呢？"

李斯沉吟道："我何尝不想劝谏皇上呢？可是这几年来，皇上身居深宫，连朝政都不管，我连见他的机会都没有。"

赵高故作同情状，说："我虽时刻侍候在皇上左右，可我的话他根本不听，只听你们丞相的。那我仔细候着，一旦皇上空闲，我就通知您进宫求见。"

李斯说："全仗赵大人的一片厚意了。为了大秦江山，你我当尽臣子之责。请赵大人务必见机召老夫觐见皇上！"

然而，赵高自从离开丞相府后，再无音信。眼看边关军情紧急，李斯夜不能寐，整日在宫门口请求觐见秦王。

而此时的深宫内，秦二世正醉眼迷离，怀拥美女，举杯痛饮。殿内舞女婆娑舒袖，乐池内笙箫婉约。赵高则侍候在一旁，与皇上同乐。

秦二世喝得兴起，还走下龙床，到舞池与宫娥共舞。

正当秦二世玩到兴头上时，赵高突然叫人通知李斯："皇上现在正在空闲，请丞相马上求见。"

在宫门外的李斯得此口信，很是高兴，赶紧将奏章递与殿门的锦衣卫士，要求觐见秦二世。

舞罢一曲的秦二世此刻正拥着绝色美女狂饮，忽闻李斯求见，十分恼火："丞相真是败我雅兴，不见！"

　　锦衣卫士将奏章退与李斯，李斯仰天长叹："大秦江山危在旦夕啊！"随即欲闯宫求见。

　　秦二世闻听李斯闯宫求见，大怒。

　　赵高顿时喜上心头，立即上前附耳对秦二世说："大王，李斯来者不善。臣听说李丞相早就对皇上满腹不满，认为皇上持政不如先帝，不懂治国之道，痛骂我大秦气数已尽啊！"

　　秦二世听后震怒："这个李斯，我与先帝都待他不薄，他竟敢如此犯上，咒我江山！"

　　赵高趁机进谗言："刚才他还在宫门口大呼大秦危在旦夕，妖言惑众呢！"

　　秦二世拍案而起："果真如此，要这等丞相有何用？"

　　赵高赶紧把宫门锦衣卫士唤进，问道："刚才李丞相在外高喊什么？"

　　锦衣卫士忙伏地答道："皇上不见丞相，李丞相十分着急，便仰天叹道大秦江山危在旦夕。"

　　秦二世闻言，立即传旨："来人，把犯上作乱的李斯抓起来，关入天牢！"

　　锦衣卫士马上领旨出宫捉拿李斯，将其押入天牢，李斯不久后便被斩杀。

　　而诡计多端的赵高在"上屋抽梯"之计得逞后，不久即被秦二世封为丞相。

第二十九计　树上开花

【原典】

借局布势①，力小势大②。鸿渐于陆，其羽可用为仪也③。

【注释】

①借局布势：局，局面，此处指局诈；势，阵势。句意为借助某种局诈的办法，布成一定的阵势。

②力小势大：力，力量，用在这里指军队的兵力。势；声势。句意为兵力弱小，但声势造得很大，也可使阵势显出强大的样子。

③鸿渐于陆，其羽可用为仪也：鸿，大雁；渐，渐进；陆，这里指天际的云路。此句意为，大雁在高空的云路上渐渐飞行，那美丽丰满的羽毛，让它显得更加雄姿焕发，这是值得人们效仿的。

【译文】

借助恰当的时机或别人的局面，布成有利的阵势，把我方的小力量装点成大势力，这样可使兵力弱小的阵容显得强大。这就像鸿雁高飞，横空列阵，全凭羽毛丰满的双翼增加气氛，助长气势。

【简析】

树上开花，是从"铁树开花"转化而来的。铁树，常绿乔木，原产热带，不常开花，尤其在移植北方后，往往多年才开一次花。因此，此说法比喻事情非常罕见或极难成功。

"树上开花"作为一种计谋，来自古代战例，是指借助某种外在力量对敌人进行慑服。这就像某树上本无花，却可以把彩色的绸绢剪成花朵贴在树枝上，人为地使它有花开在其上，从而制造出逼真完美的效果。如果不仔细看，是辨不出真假的。

因此，"树上开花"之计可以理解为以下几种含义：

一、借树开花。借助别人的树因利乘便，开花结果。之所以要借树开花，主要是因为自家的树还太弱小，无法开花。

二、借鸡生蛋。借用别人的力量，可以在不增加自己投入的情况下，实现自己原本不能实现的目的。

三、狐假虎威。自己的力量比较弱小，但还想吓唬或迷惑对方，于是可以千方百计地假装出强大的气势，让本来并不强大的力量，在对方面前显现出非常强大的声威气势。

四、虚张声势。此计所造成的声威气势，其实只是一种虚假的力量。作为一种虚幻的假象，它不会对敌人产生真正的威胁，但足以起到让敌人在心理上受到威慑的效果。

五、巧妙伪装。运用本计策的一方必须伪装得完整逼真，不露出半点破绽，否则，最后结局最惨的必然是自己。

由此可见，此计在具体的军事运用上，一方面可以将精锐力量布置到友军的阵地上，给原本虚弱的友军人为地制造强大的表面声势；一方面则可在自己力量尚小之时，借友军的势力或借某种因素制造假象，让自己的阵营看起来强大。

也就是说，此计主张善于借助各种外在因素来为自己助势，从而造成敌人在判断上的失误，让其不敢贸然来战，并以此从心理上慑服敌人。

【战例】

虞诩增灶惑羌兵

"树上开花"，比喻极难实现的事情。它是一种无中生有之术，借以混淆观树者的视听，或达到施计者的其他目的。

公元115年，羌人进犯武都郡。汉元帝急命虞诩亲率三千骑兵日夜兼程，奔赴武都郡救援。虞诩行至离陈仓二十里处，忽听密林中一阵鼓响，五千羌兵突然出现在前面挡住去路。

虞诩急忙下令掉转马头，回到山脚安营扎寨。羌兵远远望见汉军卸下马鞍在山坡上歇息，因为不知虚实，没敢贸然出击，便匆忙撤退。

虞诩见羌兵退走，忙命将士上马继续赶路。这一带是羌人聚居之地，地势又很险恶。虞诩率三千骑兵，冒着凛冽的寒风，日行二百余里。

行军途中，虞诩让将士每天将驻地锅灶增加一倍。众人疑惑，问道："从前孙膑与庞涓作战，曾增兵减灶，大人为何偏偏相反？"

虞诩说："敌众我寡，我只能用树上开花计来迷惑敌人了。"

羌人得知汉军西进，立即集中兵力予以追击。途中，他们发现汉军营地的锅灶每日成倍增加，不禁大惊，以为有武都郡部队进行接应，于是赶紧掉转马头，抄小路溜走了。

这天，虞诩率骑兵进入武都郡内的赤亭城，突然发现周围山头早已埋伏下了无数羌兵，形成了包围之势。他便急命士兵紧闭城门，准备迎战。

汉军在赤亭与羌兵相持了十余天，难分胜负。虞诩下令将士用强弓放箭，然而箭还未射到羌人阵前就落了下来。羌兵无不大笑，以为汉军根本不会用弓箭。随后，羌兵将领将骑兵排成密集的行列，向汉军发起猛攻。

此时，却听汉军阵地里鼓声大作，虞诩的强弓手万箭齐发，羌兵纷纷栽于马下，伤亡惨重。

此后，虞诩又命他的三千骑兵穿上蓝衣从东门出来，又换上黄衣从西门进去，如此往返，持续数日。羌兵首领远远望去，以为汉军兵力众多，无以抵挡，便下令连夜撤退。谁知刚撤到第一座山口，羌兵便遭到汉军伏击，仓皇而逃。逃到第二座山口时，汉军又冲杀过来，羌兵顿时大乱，自相踩踏，死伤无数。

至此，虞诩的三千骑兵威风凛凛地进入了武都郡。

此例中，虞诩多次使用"树上开花"之计，先是日增锅灶，后是假装不会放箭，最后则用三千骑兵假扮强大兵力，将羌兵迷惑得不知虚实，盲目行动，最终大败，可谓深谙用兵之道！

夫差智立盟主

其实，"树上开花"这种计谋，是一种"借势"的谋略。在军事上的实质就是通过借助别人或客观的声势及力量，来壮大自己，震慑敌人。

公元前 482 年，吴王夫差率领大军北上，到黄池（今河南省封丘西）大会诸侯，争当盟主。订立盟约时，吴王夫差与晋国国君晋定公为名次的先后争执不断。

不料正在这时，国内接连派人前来告急，称越王勾践乘吴国内部空虚，兵分两路，攻进了吴国国都，并俘虏了太子友和几位大将。

夫差听后生怕这一消息会让各诸侯知道，于是竟在自己的帐前，接连杀死了七个前来报信的人。

但是，这事不可能一直瞒得住，夫差不得不把跟随来的大臣们召来，秘密商量相关对策。夫差说："勾践违背盟约攻占了我们的国都，现在咱们离国都太远，得赶紧回去援救。我建议要么不和诸侯们会见了，即刻起兵回国；要么改推晋定公为霸主。总之，现在是火势危急，你们觉得哪个办法好？"

大臣们商量了半天，觉得夫差的两个主意都不高明：如果不和诸侯见面立即起兵回国，定会泄露吴国已被越国打败了的秘密，诸侯们如果落井下石，趁机跟着攻打吴国，那吴国肯定会就此一败涂地；如果改推晋定公做霸主，晋国又肯定会因此瞧不起吴国，会趁机要挟吴国。这样，即使吴国打败勾践，也会留下后患。

最后，大臣们主张不如来个"打肿脸充胖子"——趁着各诸侯还不知道越军已攻入吴都的消息，仍然安排与他们会见，并继续力争做霸主。这样，说不定反倒能顺利回国。

夫差一听大臣们比自己想得周到，便欣然采纳了他们的建议，决定暂且不管国内，先在黄池一显威风，逼迫晋定公就范再说。

于是，傍晚时分，夫差传令将士，人马都要吃得饱饱的。到了夜里，他又命令将士披好铠甲，拿起武器，百人一行。三万吴军瞬间排成了三个方阵。方阵的中军，全部白衣白甲，打着白色的旗帜，连弓箭也缠上了白色的羽毛。远远望去，就像遍野盛开的白色茅花；方阵的左军，是清一色的红旗红衣，望去宛如漫山遍野燃烧着的熊熊火焰；而方阵的右军，一律黑旗黑衣，好像满天密布的乌云。一切部署完毕后，夫差下令让大家屏息敛声，连马都被扎住舌头，静候天亮。

次日清晨，夫差站在中军前面，亲自全力击鼓。三万大军欢呼响应，喊声雄壮而高昂，有如山崩地裂，整个会场无不震惊。晋定公见此情景，不得不歃血为盟，让吴王做了霸主。

此故事中，夫差国都被占，后院起火，却"打肿脸充胖子"，将晋定公震慑住，最终夺得了盟主，为"树上开花"计谋提供了生动的例证。

第三十计　反客为主

【原典】

乘隙插足，扼其主机^①，渐之进也^②。

【注释】

①主机：筹谋划策、发号施令，掌握大权的关键之处、首脑机关。

②渐之进也：渐，徐徐而进。意思是天下的事情凡是行动盲目而急躁，就会误入邪途；凡是冷静而顺乎客观规律，就会登入正道。一步步循序渐进，达到显要的位置，就是行而有功的道理。

【译文】

趁着对方有漏洞就赶紧插足进去，扼住其关键要害，掌握其首脑机关，巧妙地循序渐进，达到自己的目的。

【简析】

　　"反客为主"的原意是，主人不善于待客，反而受客人招待。

　　客有多种：暂客、久客、贱客，这些都还是真正的"客"，可是一到了渐渐掌握了机要，就已经变客为主了。古语中将这个过程分为五个步骤：争客位，乘隙，插足，握机，成功。此过程就是变被动为主动，将主动权逐步地掌握到自己手中来。

　　要理解此计，可以从以下几方面进行把握：

　　一、先发制人，变被动为主动。当我们处于被动局势或自身力量弱小时，可以积极采取率先发动进攻的办法来争取主动。在军事上，一般表现为"先发制人，后发制于人"，只有先下手，压制住对手，才能有效转变被动局面。

　　二、转攻为守，让对方变主动为被动。首先发动进攻，深入对方阵前挑起事端的为"客"；而在自己的阵地上进行防御的则为"主"。做"客"的远道而来，不仅会因长途跋涉而疲惫不堪，还会因远离根据地而难以供应物资。而为"主"的一方则以逸待劳，"饱有余"。

　　三、喧宾夺主，取代主人位置。即大声说话的客人抢占了主人的位置，后用来比喻外来的占据了原有的事物位置。这种含义就是主张在有机可乘的时候，先插进一只脚，然后慢慢地用力把对方挤出去，而后取而代之，成为主人。

　　四、兼并盟军，为己所有。一般指借着援助盟军的时机，打入盟军内部，等站稳脚跟后，再慢慢地支配并控制盟军，做到步步为营，最后顺手把大权夺取过来。即逐步蚕食，循序渐进。

因此，军事上的"反客为主"，一般来说就是寻找敌人防御上的漏洞，趁机插入其腹地而攻其要害，控制敌方的指挥系统、首脑机关或要害部位，利用有利时机，变被动为主动，尽可能地掌握战争的主动权，达到兼并或者控制他人的目的。

【战例】

唐高祖登基称帝

隋炀帝大业三年秋，李渊（唐高祖）率兵三万从太原出发，打着尊立代王的旗号，兴起义师，向关中进发。

不料当大队人马行至贾湖堡处时，遇大雨滂沱，不能行军，只得暂时驻扎下来。这时，李渊忽然接到军报，称魏公李密领众数十万，历数隋炀帝的十大罪恶，并布告天下，起兵反隋。

李渊得知这一消息后，不禁大吃一惊，便急忙与儿子李世民商量对策。世民说道："李密兵多势大，不宜与之对敌。不如暂且假意与他联络，也可使我军免除后顾之忧。"李渊应允了世民的献策，随即命人给李密写信，希望与之结成同盟，共图大事。

信送出去不久，便收到了李密的回信。李密在信中言辞十分傲慢，虽然表示愿意结为同盟，但自称是盟主，并要李渊亲自去河内与其缔结盟约。

李渊父子二人看了李密的回信，心中愤愤不平。但李渊转念一想：迫于势力悬殊，还是忍让为好，便又对李世民说道："李密狂妄自大，即便订了盟约也未必会实行。如今我们正进军关中，如果断然拒绝结盟，与他绝交，结果只会又增加一个敌人，对我们不利。倒不如暂忍一时，先以卑谦之词对他大加赞赏一番，让他更加志气骄盈，以安住他的心。这样既可以利用他为我军塞住河洛一线，牵制住隋军，又可以使我军专意西征。此计岂不是两全其美？日后，待我军平定关中后，便可'据险养威'，看着他与隋军鹬蚌相争，让我军坐收渔人之利，这样岂不更好？"

李世民非常赞成父亲的用计，于是便再给李密写信，大意是："现在天下大乱，亟须有统一之主。您李密德高望重，统一之主自然非您莫属。我李渊年事已高，对您诚心拥戴。只希望您登位之后，依然封我为唐王就感激不尽了。"

李密收到李渊的复信，心里美滋滋的，别提有多高兴了，于是满口答应了李渊的要求。这样，李渊便免除了后顾之忧，挥军西进了。一路上，李渊攻霍邑、临汾，直取长安，并把十三岁的代王侑拥立为皇帝，改元易年。第二年，隋炀帝被弑，李渊又逼迫代王侑退位，自立为帝，称唐高祖。

且说李密自与李渊结盟后，率兵东进，所到之处，攻城掠地，节节胜利。除东都一地被隋将王世充坚守受阻外，其余如永安、义阳、弋阳、齐郡等地，以及赵魏以南、江淮以北所有揭竿诸军都望风归附。随后，李密继续强攻东都，与王世充决战。

此时，唐高祖李渊也派李世民、李建成领兵来到东都，名义上为援兵，实际上是来争地盘的。李世民和李建成派兵从中阻挠李密的进攻，以致东都久攻不下。

李密踌躇满志，决心攻下东都自立为王，最后却因他骄傲自大，刚愎自用，不听贾润甫、裴仁基与魏征等人的再三忠言劝告，两次中了王世充的诡计。东都城下之战，竟然大败。无奈之下，数十万大军只剩下两万人马跟随李密惶惶退入关内投奔唐王李渊。

此时的李密还料想，李渊会念昔日结盟之情和灭隋之功，给自己封以台阁之位，说不定有朝一日，自己还能东山再起呢！可谁料，这时已"反客为主"的唐主李渊却只封了他一个光禄卿的闲职，另外还赐了一个邢国公的空头爵号，这让李密大失所望，满腹怨言。

且说李密降唐以后未得重用，心中很是不满。这一切李渊心中都有数，但表面上却假装格外关怀，称李密为弟弟，并把舅女孤独氏嫁给李密为妻，也是想尽可能稳住他的心。如此，李渊的"反客为主"才得以成功实施。

郭子仪只身赴回纥

唐朝有个叛将，名字叫仆固怀恩。他煽动吐蕃和回纥两国联合出兵，进犯中原。大兵三十万，一路连战连捷，直逼泾阳。泾阳的守将是唐朝著名将军郭子仪，他是奉命前来平息叛乱的，这时他只有一万余名精兵。面对漫山遍野的敌人，郭子仪知道形势十分严峻。

正在这个时候，仆固怀恩病死了。吐蕃和回纥就失去了中间的联系和协调的人物。双方都想争夺指挥权，矛盾逐渐激化。两军各驻一地，互不联系往来。吐蕃驻扎东门外，回纥驻扎西门外。

郭子仪想到何不乘机分化这两支军队？

他在安史之乱时，曾和回纥将领并肩作战，对付安禄山。这种老关系何不利用一下，他秘密派人前往回纥营中转达郭子仪想与过去并肩作战的老友叙叙情谊。回纥都督药葛罗，也是个重视旧情的人。听说郭子仪就在泾阳，十分高兴。但是，他说："除非郭老令公亲自让我们见到，我们才会相信。"

郭子仪听到汇报，决定亲赴回纥营中，会见药葛罗，叙叙旧情，并乘机说服他们不要和吐蕃联合反唐。将士们深怕回纥有诈，不让郭子仪前去。郭子仪说："为国家，我早已把生死置之度外！我去回纥营中，如果能谈得成，这一仗就打不起来了，天下从此太平，有什么不好？"

他拒绝带卫队保卫，只带少数随从，到回纥营去。

药葛罗见真的是郭子仪来了，非常高兴。设宴招待郭子仪，谈得十分亲热。酒宿时，郭子仪说道："大唐、回纥关系很好，回纥在平定安史之乱时立了大功，大唐也没有亏待你们呀！今天怎么会和吐蕃联合进犯大唐呢？吐蕃是想利用你们与大唐作战，他们好乘机得利。"

药葛罗愤然说道："老令公说得有理，我们是被他们骗了！我们愿意和大唐一起，攻打吐蕃。"双方马上立誓联盟。

吐蕃得到报告，觉得形势骤变，于己不利，他们连夜准备，拔寨撤兵。郭子仪与回纥合兵追击，击败了吐蕃的十万大军。吐蕃大败，很长一段时期，边境无事。

第六套　败战计

败战计，是战争中己方处于非常不利状况下反败为胜或者退而自保的一套计，总而言之是处于弱势方对待战局因时制宜使用的计谋。

第三十一计　美人计

【原典】

　　兵强者，攻其将；将智者，伐其情①。将弱兵颓，其势自萎。利用御寇，顺相保也②。

【注释】

　　①将智者，伐其情：将智者，足智多谋的将帅；伐其情，从感情上加以进攻和软化，抓住对方思想意志的弱点加以攻击。

　　②利用御寇，顺相保也：御，抵御；寇，敌人；顺，顺势、顺利；保，保存、保全。全句是说此计可利于抵御敌人，将其瓦解，进而顺利地保全自己。

【译文】

　　敌人的士卒强健，兵力强大，就要对付他们的将领；将领英明，且足智多谋的，就要从情感上去腐蚀他的斗志，挫败他的意志。将领斗志衰退，士兵必定颓废、消沉，他们的战斗力自然减弱，形势也必定自行萎靡。利用这个计策来抵御敌寇，可以顺利地扭转局势，保全自己。

【简析】

美人计，原意是指用女色诱惑敌人，用美人对付敌人。爱美之心人皆有之，甚至有人会因爱美而痴迷。有人为了得一美人，更是不惜牺牲金钱、地位乃至道德、法律和原则。因此，美人计很早就被兵家利用，成为胜敌的一个重要策略。

美人计用在战争中，作为实施军事目的的一种辅助手段，绝非对谁都有效。此计通常在行为放荡者身上更有奇效，中计者也往往是那些好色之徒。虽然美人计是腐朽之计，但作为计谋，却屡屡见效。

对于用军事行动难以征服的敌方，尤其是对敌方的主帅，要用情感作为糖衣炮弹去消磨其意志，使敌人贪图安逸享受，丧失战斗力，从而趁机取胜。而这一计策，不能只从字面上理解，而应理解为可以凭借任何敌人信赖的人、物或事，来左右敌方，使其精神涣散，意志消退。总之，这是一种以柔克刚的损敌谋略。

而我们在使用美人计时，应注意以下几个问题：

要依照对方的喜好，巧妙物色"美人"。俗话说："萝卜青菜各有所爱。"人的喜好不同，我们施计时需要着手的方向也就不同。要充分依对方的具体好恶，选择他乐于接受的"美"。美人计中所用的"美人"，只有在对方能欣然接受之时，才会产生预期的巨大威力。

二、要巧设迷魂阵，引敌入圈套。想让"美人"被对方接受，我们所侍奉的方式也很关键。如果方式灵活、巧妙，一切都做得顺理成章，天衣无缝，不露痕迹，敌人便不会产生疑惑，必然放心大胆地接受。

三、"美人"只是克敌制胜的工具，却无法决定成败。美人计一般都作为达到最终目的的辅助手段，它的主要目标是摧毁对方的精神壁垒。要想彻底歼灭敌人，常常还要依靠武力决战。所以，在施用美人计的时候，还要积极创造或寻找时机发动武力进攻，进行配合，切不可侥幸依靠此一计谋，便想获取胜利。

【战例】

刘邦军设计智逃

古人认为，面对实力强大，而将帅又很明智的敌人，你是不可以同他作正面交锋的。因为交锋的结果只能是以卵击石，落得个惨败的下场。这时的形势就决定了弱的一方必须暂时对敌表示顺从，而另图他谋。

用物质或美女诱惑敌人，尤其是腐蚀其主要人物，使其贪图安逸享受，以致做出错误的决策，这就是"美人计"。

西汉初期，韩王姬信勾结匈奴冒顿单于反叛。汉高祖刘邦御驾亲征，却被冒顿带兵围困在白登城（今山西省大同市）。虽然左右谋臣猛将众多，但汉军被困孤立，外无援兵，只得束手待毙。

军中最有智谋的陈平被高祖接连招去几次，也始终想不出好的计策。于是，只好劝高祖暂时忍耐，慢慢想办法。转眼已过六天，高祖更觉烦闷。自思陈平往日多智，如今尚无计议，看来真要困死在这里了。正思量着，忽见陈平满脸喜气地进来，告诉他自己已有一策。

陈平说："听说匈奴王冒顿平时最宠爱他的妻子阏氏，对其寸步不离，凡事也必听她摆布，始终不敢纳别室。我们可以在阏氏身上打主意。我身边有一画家叫李周，连夜画了一幅美人图。只需给他一些钱，让其混进敌营活动，并乘机将珠宝和美人图献给阏氏，求她转告冒顿，愿献此美人给他。如此，我们就可以解围了。"

高祖依计而行，即派李周前去匈奴国。

李周假冒番兵，混入敌营，用金钱买通了左右。见到阏氏后，他把珠宝献上，称是汉王奉赠的。随后，又取出美人图，恳请阏氏转给冒顿。

阏氏见了这批珠宝，已是目眩心迷，立刻收了起来。然后顺手展开画册，见绘的是一个美貌绝伦的人儿，不禁起了妒意。便问："这幅美人图有什么用？"

李周答："汉帝被冒顿所困，情愿罢兵议和，所以想把珠宝送给你，而后将身边的中国第一美人献给冒顿。"

阏氏面带愠色，说："知道了，你把图带回去吧，回去告诉汉帝，让他尽管放心好了。"

很快，阏氏便对冒顿说："听说汉朝已尽起大兵，前来救主，明天就到了。"

"有这么回事？"冒顿惊恐地问。"难道我的情报比不上你？"

阏氏嗔怒道，"两主相斗，不败也伤。你想想，汉朝地大人多，即使这一仗我们胜了，也不过是多得一点东西而已，也不可能彻底征服他们。而万一打败了，你我就无法长相厮守了。"说罢假声哭泣起来。

这一套眼泪攻势，让冒顿心软了："照你的意思应该怎么办？"

"依我看，汉帝已被困了六七日，而军中尚不示惊，恐怕是有神灵相助，虽危也安。我们干脆顺从天意，放他一条生路吧。"

冒顿点头应允。

第二天，韩王姬信得到此消息后，忙劝冒顿："刘邦已被围困七天了，眼见就能将其困死，现在放他走无异于放虎归山，这样会后患无穷啊！听说刘邦欲差人献美女给你，你就告诉他，见了美女方才撤兵；若无美女，则下令攻城。我相信他是没有这个美女的，就算有，刘邦这个好色之徒也不会情愿献给你。他一定只是为了骗你放他一条生路而已。"

冒顿听了姬信的话之后，果真差人到城下喊话："你汉家既说有美人，可叫她站在城头上给我们大王看看吗？有美人便放你们走，否则决不手软！"

此话奏知高祖，高祖忙找陈平来说："冒顿现在真要人了，怎么办？"

陈平沉着地说："我料到他会有此一招，早就叫人做好了几个木偶，并且打扮得像天仙一般了。既然他要看，就到傍晚时分，摆放在城头上，叫他灯下看美人吧。"

等到傍晚，陈平先下令让将士安排好突围准备，然后将十多个木偶人推上城头去，并用扯线开始摆弄"美人"动作。冒顿在城下一看，顿时觉得这些美人像是月中天仙，便晕乎乎地下令道："让路！"

于是，刘邦率军匆匆顺路逃了出去。冒顿见汉兵已退出了，便叫人上城去取"美人"。近前一看，灯光下却只有十几个木偶靠在城垛上，这才明白已经中了陈平的"美人计"。此例中，陈平曾先后两次对阏氏和冒顿使用"美人计"，实属机智干练，运筹帷幄！

王允献貂蝉

汉献帝九岁登基，朝廷由董卓专权。董卓为人阴险,滥施杀戮,并有谋朝篡位的野心。满朝文武，对董卓又恨又怕。

司徒王允，十分担心，朝廷出了这样一个奸贼，不除掉他，朝廷难保。但董卓势力强大，正面攻击，还无人斗得过他。董卓身旁有一义子，名叫吕布，骁勇异常，忠心保护董卓。

王允观察这"父子"二人，狼狈为奸，不可一世，但有一个共同的弱点: 皆是好色之徒。何不用"美人计"，让他们互相残杀，以除奸贼?

王允府中有一歌女，名叫貂蝉。这个歌女，不但色艺俱佳，而且深明大义。王允向貂蝉提出用美人计诛杀董卓的计划。貂蝉为感激王允对自己的恩德，决心牺牲自己，为民除害。

在一次私人宴会上，王允主动提出将自己的"女儿"貂蝉许配给吕布。吕布见这一绝色美人，喜不自胜，十分感激王允。

二人决定选择吉日完婚。第二天，王允又请董卓到家里来，酒席筵间，要貂蝉献舞。董卓一见，垂涎欲滴。王允说："太师如果喜欢，我就把这个歌女奉送给太师。"老贼假意推让一番，高兴地把貂蝉带回府中去了。

吕布知道之后大怒，当面斥责王允。王允编出一番巧言哄骗吕布。他说："太师要看看自己的儿媳妇，我怎敢违命！太师说今天是良辰吉日，决定带回府去与将军成亲。"

吕布信以为真，等待董卓给他办喜事。过了几天没有动静，再一打听，原来董卓已把貂蝉据为己有。吕布一时也没了主意。

一日董卓上朝，忽然不见身后的吕布，心生疑虑，马上赶回府中。在后花园凤仪亭内，吕布与貂蝉抱在一起，他顿时大怒，用戟朝吕布刺去。吕布用手一档，没能击中。吕布怒气冲冲离开太师府。原来，吕布与貂蝉私自约会，貂蝉按王允之计，挑拨他们的父子关系，大骂董卓夺了吕布所爱。

王允见时机成熟，邀吕布到密室商议。王允大骂董贼强占了女儿，夺去了将军的妻子，实在可恨。吕布咬牙切齿，说："不是看我们是父子关系，我真想宰了他。"

王允忙说："将军错了，你姓吕，他姓董，算什么父子？再说，他抢占你的妻子，用戟刺杀你，哪里还有什么父子之情？"

吕布说："感谢司徒的提醒，不杀老贼誓不为人！"

王允见吕布已下决心，他立即假传圣旨，召董卓上朝受禅。董卓耀武扬威，进宫受禅。不料吕布突然一戟，直穿老贼咽喉。奸贼已除，朝廷内外，人人拍手称快。

第三十二计　空城计

【原典】

虚者虚之^①，疑中生疑^②；刚柔之际^③，奇而复奇^④。

【注释】

①虚者虚之：第一个"虚"为名词，意为空虚，与实相对，或指在军事力量上不敌对方；第二个"虚"为动词，使动，意为让它显露虚弱的样子。

②疑中生疑：前一个"疑"指可疑的局势，后一个"疑"指怀疑。

③刚柔之际：敌众我寡、敌弱我强的紧急关头。

④奇而复奇：奇妙之中更显奇妙。

【译文】

在自己兵力虚弱之时，不加掩饰，还故意让对方看到自己防备空虚的样子，就会让敌人不知底细，对我们的实力产生怀疑，从而认为我们是在弄虚作假。刚强和柔弱碰撞的时候，用这种阴弱的方法对付刚强的敌人，属于奇法中的奇法。

【简析】

空城计的实质是说，本来是空虚的，再以空虚来表现，就会让人对本来的空虚产生怀疑，反倒以为我们是有实力的。

这就好比本来是实在的，再以实在来表现，反而会让人不相信他的实在一样。这一计谋既反映了人的心理特征，又富有辩证的意义。

虚虚实实，兵无常势，变化无穷。在敌强我弱之时，当然最好不要以卵击石，要充分把握对方主帅的心理及性格特征，利用各种办法来迷惑对方。敌方指挥官越是小心谨慎多疑，所得的结果就会越好。

而"空城计"又是一种危险性极高的计谋，是悬而又悬的险策。若被对方识破，后果将会不堪设想。所以在大多数情况下，它也只能用作缓兵之计。要想真正取胜，最终也还是要凭借真正的实力。

此计谋有以下特点：

一、"虚而虚之"，以便让敌人"疑中生疑"。一般来说，双方交战，总是要互相隐瞒真实情况，所谓"兵不厌诈"。而对敌方的情况却要反复地进行分析研究，不能完全凭自己的直觉，随便做出判断。这种不轻易相信对方的做法即为"疑"。

而在遇到对方反常用兵的情况时，除了要进行正面的分析外，还有必要进行反面的分析。这就是所谓的"疑中生疑"。心理学上讲，人的心理常常有一种固定的心理定式。当这种定式被打破之后，人们往往会心无定向，惶惶然而不知所措。因此，结局常常是将假象误以为假。

"实而虚之"，迷惑敌人，让其中计。本来是强大的、准备充分的，却偏偏装出虚弱无力的样子，让敌人误以为我兵力空虚而且有隙可乘。"实而虚之"主要有两个目的：积蓄力量，等待时机。为了更大或者更远的目标，暂时隐藏起自己的实力和锋芒。

这种暂时的遮蔽是为了争取时间，积蓄力量，一旦时机成熟，就发动突然进攻，让对方措手不及，防不胜防，这是其一。

再者，是为了诱惑敌人进入自己设计的圈套。在我方兵力强大，并已设好埋伏的情况下，如果希望敌人能够进到我们的包围圈内，就要表现出弱小可欺的样子，不让敌人惧而远之。总之，只有让敌人觉得在我们身上有利可图时，才会轻易地将其引诱过来，这是其二。

【战例】

郑国智退楚军

"空城计"，其精要在一个"空"字，运用"空"来达到自己的目的。这是一种更为诡诈、危险的策略。

几千年来，用兵打仗都是一种诡诈的行为，决不可让敌对一方知道自己军队的详情。因此在用兵打仗上，往往是，能攻的装作不能攻，要打的装作不要打，要在近处行动的装作在远处行动，要在远处行动的则装作在近处活动。

春秋时，楚国的令尹（宰相）公子元，其哥哥楚文王死了之后，尸骨未寒，他便对寡嫂——朝野闻名的第一美人息伪开始心怀企图。但因限于叔嫂名分，不敢登堂入室，强行接收，他便想出了一个"慢火煎鱼"的方法。

很快，他便在息伪寝室附近，大筑馆舍，日夜歌舞，奏靡靡之音。他还买通了近侍人等，就地观察，随时向他报告嫂嫂的反应。

一天，息伪听到这种热闹之声后，便问左右："这是哪儿来的舞乐呢？"

内侍告诉她："夫人，你还不知道吗？这是令尹为你开的舞会呀！他同情夫人太寂寞了，想让夫人听听音乐，开开心！"

息伪把双眉一蹙，似乎明白是怎么回事了。她思索了一会儿，感慨地自言自语道："我的丈夫文王，生前不尚军事，未曾向国外扬威，弄得声望日下，受人闷气。算起来，已经有十年了。阿叔身为令尹，不想办法图强，重振国威，偏偏为我一人开起舞会来，真不知是什么企图！"

内侍把这番话告诉了公子元。公子元见她开始有了反应，心里大喜，便奋然而起，激昂地嚷起来："嫂嫂是女流，尚且不忘国家大事。我身为堂堂令尹，反而把国事忘了。好，既然嫂嫂有此主意，那我非打个胜仗，向外耀武扬威一下，给她看看不可！"

于是，公子元立即调兵遣将，倾国动员，浩浩荡荡地杀奔邻国——郑国去了。

郑国兵力远不及楚国，忽遇强邻侵犯，一时不知所措。郑文公慌忙召集大臣堵叔、师叔、世子华和叔詹等召开御前紧急会议，商讨对策。堵叔皱起眉头先发表意见："楚兵强盛，如猛虎下山，我国根本不是它的对手。不如跟他们纳贡讲和算了！"

旁边的师叔一听，心里暗骂一声"投降主义"，却又不好骂出口，便委婉地说："照鄙人之见，敌人虽强大，但却孤立。我国和齐国有军事同盟，我国有难，齐国一定会发兵援助的。目前，唯有固守，等候盟邦前来解围才是上策！"

"不。"少壮派世子华霍然跳将起来说，"水来土掩，兵来将挡，楚兵进来，要杀他个片甲不留！"

此时，只有叔詹不开口，默默沉思着。

"老先生的意见怎样呢？"郑文公回头问他。

叔詹干咳一声，说："依老臣愚见，三位的高论之中，我最赞成师叔的意见。我估计，敌人不久就会撤去的！"

"不见得这般容易吧！"郑文公说，"这一次是公子元亲自督师，我看他是不会主动撤退的！"

"据我所知，"叔詹说，"楚国历次出兵，都从未出动过这么多军队的。这次，公子元的动机，不外乎想讨好他的嫂嫂，在女人面前抖抖威风，一点儿政治目的也没有。也就是说，只要一个小小的胜利，装装门面罢了。"不一会儿，他忽又严肃起来，坚决地说："这一仗，看来是很可怕的。诸位放心，楚兵若来，老臣自有退兵之计。"

说话间，探子来报，说敌人已经破栯印邱关，直捣皇城。先行部队越过了市效，快要进城来了。

此消息像晴天一声霹雳，众人听罢面面相觑。主和的堵叔慌慌张张地说："敌军已近，来不及从长计议了。要么讲和，要么立即逃避，躲到后方相邱去再说！"

"且慢！"叔詹马上制止，"老夫自有妙计！"

叔詹马上令军队统统进入到城内，大开城门，商店照常营业，百姓来往如常，不许稍露半点慌张神色。

楚兵的先锋部队果然很快便到了。先行官一见这般模样，街上镇定异常，城头上又没有丝毫动静，便疑惑起来，料定对方必有准备，故意摆下这条诡计，骗自己入城去包围歼灭。心想还是等主帅到来请示吧，便下令全军就地扎营。

不久，公子元率大军到了。先行官报告情况，说城中如此如此，这般这般！

公子元一听也吃惊起来，立即走到高地察看一番。只见城内到处埋伏着军队，刀剑林立，旗帜整齐。于是心里踌躇，总猜不出是什么缘故。

随后，后卫统帅也遣人带来了情报，说齐国已联合了宋鲁两国，起大军来解郑国的围了。

公子元大惊，急忙对各将领说："齐国如果截击我军的退路，那么就前后受敌，势非崩溃不可！"

诸将又主张速战速决，先把郑京攻下了再说。公子元最终没有采纳这条意见，他所想到的并不是什么军事价值，而是："万一失利的话，有何脸面去见嫂嫂呢？"

于是公子元暗传号令，人衔枚，马摘铃，连夜拔寨回国。同时，他又怕郑军会乘机随后追击，于是便让所有的营寨保持不动，遍插旗帜，以疑惑郑兵。

最后，公子元在悄悄溜出了郑境之后，才叫大军鸣锣击鼓，奏起凯歌班师回去。

此时，叔詹正在督军巡城，彻夜未眠。到天明，遥望楚营，一点儿动静都没有。只见一群飞鸟在低空盘旋，其中不乏有做俯冲状的，便大叫起来："楚兵撤走了！"

大家还不相信，问他怎会如此清楚，这般肯定。

"那还不明显！"叔詹指着楚营告诉他们，"凡是军队驻扎的营地，必定击鼓壮威，吓神骇鬼的。你们看！那里不是有飞鸟盘旋找东西吃，或在帐顶上争吵吗？这证明营里连一个人影都没有了。我早已料定齐国会出援兵来的，楚军得到了风声，怕被夹攻，所以连夜撤走了。哈哈！我用空城计迷惑他们，他们也用空城计来欺骗我……"

不久，齐国等联军果然出现了，见楚军已尽数撤退，无敌可击，便也撤军回国。这时，大家才佩服起叔詹的机智和勇敢来。

此例中的"空城计"是给那些实力空虚而又遭受压力、走投无路的人一个启示：此计属于冒险行径，有时的确可蒙混过关，但生死之权还是掌握在对方手上的。因此，非到最后关头最好不要使用。

诸葛亮空城退司马懿

如上文所述，"空城计"是非常高明的欺诈手段，然而它只能在濒于绝望、灭顶之灾已迫在眉睫，已经无法再用其他计谋去诱惑敌人、麻痹敌人、抑制敌人的形势压迫之下，才权且可冒险"虚者虚之"，暂时将敌方蒙骗，让其难测己方虚实，以致不敢贸然进攻，从而保全自己，赢得时间。诸葛亮的西城"空城计"，就收到了这一效果。

但诸葛亮在使用此计时，有其不得已的理由。

当时，诸葛亮为进军收复中原，恢复汉王朝，兵出祁山。然而却得知曹魏重新起用司马懿，司马懿用计斩杀降将孟达，领兵前来同蜀军对垒。诸葛亮深知司马懿此人精通兵法，必能取街亭，断蜀军咽喉要道。于是命马谡、王平等立刻前往守街亭，以保蜀军安全。谁知，马谡一意孤行，不遵诸葛亮所嘱，也不听王平的劝阻，没有当道安营，致使曹魏兵马围攻得手，失了街亭。

诸葛亮闻街亭失守之报，仰天长叹，顿知大势已去，只能作退兵之策。于是，他急令大将关兴、张苞、张翼、马岱、姜维等分头设伏，以保大军安全撤退，一边又密令大军暗中收拾行装，准备起程。同时，他派出心腹人，分路通知天水、南安、安定三郡官吏军民，尽快向汉中撤退。

诸葛亮分拨完毕，便先带五千兵退去西城搬运粮草。忽然，十余次飞马报到，均报司马懿亲率十五万大军，正往西城奔来。

此时，诸葛亮身边已经没有一员大将，只剩下一班文官。所带的五千兵，已分一半先运粮草去了，只留两千五百名军士在城中。众官听得此消息，尽皆失色，典粮官更是惊得连手中的账簿都掉到了地上。

随后，诸葛亮登上城头向来路望去，果然看到尘土冲天，魏兵分两路往西城杀来。没有大将的两三千军士，怎能抵御瞬间可至的十数万虎狼之师？诸葛亮眉头一皱，顿时计上心来。只听得他一声令下："将旌旗尽皆隐匿；诸军各守城铺，如有妄行出入，及高言大语者，斩之！大开四门，每一门用二十军士，扮作百姓，洒扫街道。如魏兵到时，不可擅动，吾自有计。"

诸葛亮本人则披鹤氅，戴纶巾，与两个小童携琴一张，上到城门敌楼前，凭栏而坐，焚香操琴。曹魏大军前军来到城下后，看到西城如此模样，都止步不前，不敢贸然进城，于是慌忙将此情形报告给了司马懿。司马懿笑了笑，说他不信真有此事。

讲归讲，司马懿还是命令大军停下，自己打马向前往西城看去。果然，诸葛亮端坐在城楼之上，笑容可掬，焚香操琴。左旁还站有一个童子，手捧宝剑，右边也站了一个童子，手执麈尾。城门内外，二十多个老百姓，旁若无人，只管低着头在那儿洒扫。

司马懿仔细看过之后，心中大疑，便让中军传令，"将后军作前军，前军作后军，迅速往来路退走。"

司马懿的二儿子接到命令，提出了不同的看法："莫非是诸葛亮无军，故作此态？父亲何故便退兵？"

司马懿说："诸葛亮向来谨慎，不曾弄险。今大开城门，必有埋伏。我兵若进，中其计也。汝辈岂知？宜速退。"

司马懿大军退后，孔明立即带领一群文官、军士及西城百姓，尽数撤往汉中，最终化险为夷。这就是诸葛亮成功运用的一次"空城计"。

由此可见，"空城计"是紧急情况下采取的冒险之策。用诸葛亮自己对此事的话："吾兵止有二千五百，若弃城而走，必不能远遁。得不为司马懿所擒乎？"

然而要用此计，主帅必须高度智慧，确实要能做到知己知彼。诸葛亮不仅深知己方已十分空虚，无力抵御虎狼之师，甚至连逃走都已不可能。同时，他又料定司马懿对他的评价是一生小心谨慎，从不弄险，不打无把握之仗。

因此，司马懿在看到诸葛亮端坐抚琴，城门大开的情景时，定会认为诸葛亮是故弄玄虚，布下千军万马恭候他的来临，诱骗他上钩，让他进入包围圈。除此之外，司马懿为人优柔寡断，生性多疑，会怀疑诸葛亮哪会白白送一座空城给他司马懿。

诸葛亮就这样凭他的大智大勇，知己知彼，在此战中成功了。

第三十三计　反间计

【原典】

疑中之疑①。比之自内，不自失也②。

【注释】

①疑中之疑：疑，疑心，怀疑，动摇决心，犹豫不决。句意为在敌方给我方设置的疑阵中再反设一层疑阵。

②比之自内，不自失也：比，辅助，亲比，亲密相依。意思是，利用敌人派来的间谍为我服务，我方就可以避免遭受损失。

【译文】

在敌方的疑阵中布置我方的疑阵，即反用敌方安插在我方的间谍传递假情报。这样敌方的间谍不仅无用，而且会成为祸害。如此就不会导致我方自己的失败。

【简析】

反间计，"间"就是间谍，即刺探情报的人。而"反间"通俗一点说，就是巧妙地让敌人的间谍反过来为我所用。

原文的大意是说：在疑阵中再布疑阵，让来自敌人内部的间谍归顺于我，使敌内部自生矛盾，己方就会万无一失，甚至能增加战斗力而制胜。战争中，使用此计的频率是比较高的。

要明白"反间"的作用，首先要了解"间谍"的重要性。

战争中，为了争取主动权，占据上风，敌对双方都会尽可能地了解与掌握敌方的力量、战术等多方面情况。所谓知己知彼，百战百胜，的确有它的道理。

知己，就是清楚自己的实力和任务；知彼，则是了解敌人的实力与企图。知道自己的情况很简单，可要了解敌人的内部情况就会很难，除了从外围一些渠道了解之外，主要手段就是通过谍报人员来获取了。

除此之外，每一方都有只想知道对方情况，而不想让对方过多了解自己的心理，于是，就产生了反谍报的活动。反谍报的一个重要内容就是反间活动，或者反间计。

反间的应用分为两种情况：一种是发现了敌人派到我方的间谍，并不揭穿他，而是巧设计谋，诱其上当，这样报告给敌方的情报都是假的，对方就会按我方的意图和计划行事；另一种情况是，揭破敌方的间谍，但并不简单地处置，而是对其劝导收买，让他继续给上级提供情报，当然情报也都是假的。

在运用此计时，我们要注意以下一些问题：

一、通俗地讲，反间计就是借敌人自己的手来打他自己的脸。那么，如何巧妙地利用敌人的间谍呢？利用敌人的间谍并非易事，巧妙地利用他们是解决问题的关键。因此，我们要深入了解每个间谍的特点，并根据他的具体喜好给以好处，金钱、权位，抑或美女。他们就会在利益的诱惑下，忘记自己原本的立场，转而站到对我们有利的一边。

二、分散敌人，使其转强为弱。如果我方兵力集中在一处，敌人兵力却分散在十处。这就相当于用十倍于敌的兵力去攻击敌人，这样我方无疑占优势，而敌人就转为了劣势。能够集中优势兵力攻击处在分散劣势的敌人，同我军当面作战的敌人就少了很多。

那么，怎样才能将敌人的力量彻底分散呢？这也是我们运用此计谋时应思考的问题。解决此问题行之有效的办法就是分化离间，即从心理上，根本性地把敌人分散开来。这时，无论敌方哪部分遇到危难，其他部分都只能袖手旁观。这样一来，敌人的实力无论多么强大，都会因其内部分崩离析而导致失败。

【战例】

高仁厚反间平邛州

反间计是一种"以其人之道，还治其人之身"的计谋。当发现敌人派来间谍对我们进行刺探和破坏时，可以利用优厚的待遇将其收买，让他为我们所用，取得出奇制胜的效果。

　　唐朝，邛州副将阡能率兵叛变，企图扰乱四川一带。都招讨使高仁厚奉命率兵前去平反。就在出发的前一天，有一个卖面的小贩突然来到高仁厚营中，鬼鬼祟祟，四处打探消息。巡逻的士兵发现他形迹可疑，便抓起来对其进行审问。原来，这个小贩竟然是阡能派来探听虚实的间谍。于是，将士们把他押到了高仁厚的营帐。

　　高仁厚立刻命人给这个小贩松绑，好言相劝，希望他能说出来意。

　　最后，小贩终于说："我是村中的百姓，阡能把我的父母、妻子都关进了监狱，让我来侦察一下您军中的情况，回去后好放了我全家。否则，就会将我全家满门处死。我实在不是心甘情愿做这种事情的，恳请将军饶我一条小命。"说罢，立即跪地磕头求饶。

　　高仁厚听罢，说："如果你说的是实情，我怎么能忍心杀掉你？我现在就放你回去，并且搭救你的父母妻子。不过，我救了你的一家，你也应当为我做点事情。你回去后就对阡能说：'高尚书的军队明天出发，并无多少兵力，只带了二百人。'然后呢，你再对寨子里的人讲：'高尚书很可怜你们这些百姓，说你们只是受贼寇要挟，身不由己。他准备饶恕你们的罪过，并拯救你们。等高尚书发兵来时，你们只要放下武器投降，他就会派人在你们的背上写下归顺两字，然后放你们回家安居乐业。高尚书所要杀的只是阡能等人，他是不会让百姓受到牵累的。'"

　　间谍连连点头，称回去后一定按计行事。

　　第二天，高仁厚率兵到达双流。阡能得知后，立即派大将罗混擎把守双流以西的五寨，并在野桥箐埋伏下千人兵力，准备迎击官军。高仁厚侦察到此情况后，马上派遣自己的间谍换上百姓的衣服混入对方阵营，用前一天对小贩说过的话煽动对方的士兵。

这些人听到此话后高兴得大喊大叫，连忙脱下军装前来投降。高仁厚一面安抚他们，一面派人在他们背上写上"归顺"二字，并让他们回去煽动寨中尚未降服的人。不久，那些未投降的人便也争先恐后地跑来投降了。

罗混擎见势不妙，慌忙越过壕沟狼狈逃跑，随后被他的部下活捉献给了高仁厚。高仁厚下令烧毁了叛军的五寨及军事设备，却将叛军的旗帜留了下来。

第二天，高仁厚召集降卒们说："我本来打算马上让大家回家去，可是前面各寨的百姓都还不了解我的心意。现在，烦请你们做先行，过了山口，到达新津寨后，把你们背上的字给他们看，劝他们也前来投降。等到了延贡后，你们就可以四散回家了。"

随后，高仁厚取出罗混擎的旗帜，倒系在旗杆上，让这些百姓在行走中一面挥动旗帜一面高喊："罗混擎已经被活捉了！大队官兵马上就要到这里来了，你们赶快像我们一样去投降吧！"

降卒们依计行事，果然诱降了阡能部将句胡僧设下的十一寨人马。后来，高仁厚每攻下一寨，便依这种反间计谋去诱降下一寨的叛军。最后，高军出兵仅六天，就顺利平定了阡能等人的叛乱。

钟世衡巧除两害

反间计最重要的是设疑，以疑对疑，以假对假。要做到"我知道你，而你不知道我"，将"水"搅浑，让对方不明所以。

北宋时，元昊在西北建立了党项族的国家——西夏。其心腹大将野利刚浪陵和野利遇乞经常率兵侵扰宋地。于是，宋将钟世衡一心想除掉这两个祸害。而野利刚浪陵得知消息后，便派浪埋、赏乞、媚娘三人向钟世衡诈降。钟世衡了解到三人的真实意图后，认为与其杀掉他们，不如利用他们。

于是，他佯装不知情，故意委派他们以官职。表面上对其十分重视，暗地里却派人对他们严加监视。

一天，钟世衡对好友王嵩说："我想派你去西夏行反间计，你能胜任吗？"

王嵩欣然应允，表示决不辜负好友的这份信任。于是，钟世衡给野利刚浪陵写了一封信："刚浪大王，你派来的浪埋、赏乞、媚娘三人，我已为他们安排了官职。朝廷知道你有心归宋，已任命你为夏州节度使。速速行动吧！"

钟世衡让王嵩把这封信带给野利刚浪陵，同时带去了一幅乌龟与枣同席的画。

野利刚浪陵见信后大吃一惊，问王嵩这幅画是什么意思。

王嵩说："这幅画是早（枣）归（龟）来的意思。大王若想归来就该尽早行动。"

野利刚浪陵此时却冷笑道："钟世衡把我当成小孩子了吗？拿这种把戏来玩弄我。"

为表对主子的诚心，野利刚浪陵把王嵩带到了元昊处。

元昊看完信和画之后，下令把王嵩推出去斩首。王嵩并不慌张，反而大笑说：“人人都说夏王多疑，我以前还不相信，现在看来此话不假啊。如果不是刚浪大王先派人前去投降，钟使君怎会无缘无故派我来送信。现在我朝已任命刚浪大王为夏州节度使，而刚浪大王又突然改变了主意，夏人还真是多诈！”

元昊根本不知道野利刚浪陵派人去诈降的事，听了王嵩的话，便对野利刚浪陵产生了怀疑。为验证自己的猜测，元昊便派亲信冒充野利刚浪陵的部下去会见钟世衡。

钟世衡通过西夏俘虏，得知了来人的真实身份，便像以往一样对“野利刚浪陵”的人热情款待，还与其约定了野利刚浪陵投降的日期。那人回去后据实汇报，元昊听后大怒，立即杀了野利刚浪陵。

钟世衡为让元昊再把野利遇乞也杀掉，便命人在西夏边境设立祭坛，在木板上刻下祭文：野利刚浪陵和野利遇乞有意归顺本朝，不想大事未成。刚浪大王已遇害身死，在此设立祭坛悼念。

看见西夏人来了，钟世衡手下的士兵慌忙点燃纸钱和木板，仓皇而去。木板上的字不会很快烧掉，于是西夏人拿回去交给元昊。元昊看后信以为真，便把野利遇乞也杀了。

此例中，钟世衡利用元昊的心腹大将野利刚浪陵派出降兵诈降一事，将计就计，提供假情报给元昊，使其亲手将野利刚浪陵和野利遇乞两名大将处死，实属巧妙！

第三十四计　苦肉计

【原典】

　　人不自害，受害必真；假真真假，间以得行^①。童蒙之吉，顺以巽也^②。

【注释】

　　①人不自害，受害必真；假真真假，间以得行：一般情况下，人是不会进行自我伤害的。如果受害，那必然是真实情况。利用这种常理，我们可以假作真，以真作假，如此，离间之计便可实行了。

　　②童蒙之吉，顺以巽也：不懂事的孩子天真幼稚，顺着他的特点逗着他玩耍，就能把他骗得柔顺服从。

【译文】

　　人从来不会自己伤害自己，如果受到伤害必然是真的，同时别人也会认为是真实被害。那么，如果我方此时以假作真，让敌方信而不疑，便可从中使用离间之计了。这就如同蒙骗幼童一样，对敌方进行蒙骗，让他们被我方操纵。

【简析】

苦肉计，就是先把自己折磨一番，利用血泪去争取接近敌人，暗地里却阴谋颠覆。此计的特点是，为了取信于敌人，进行自我伤害，以假乱真，从而麻痹敌人，赢取胜利。因此，此计其实是一种特殊的用间计，旨在趁机钻入敌人的心脏，骗取敌将的信任，从而实现我方的意图。而之所以能成功，原因之一便是"人不自害"，这是人们的一种心理定式。

施行苦肉计时一定要慎重，自我伤害是非常痛苦的事情，成功率也较低。如果敌人还是铁石心肠或者多谋善断，就更不容易上钩。最后即便是勉强成功了，胜利的果实中也包含了自己太多的血泪，代价太惨重。

因为危险性很大，一旦施用时被识破，不但自我伤害之苦要白白忍受，连性命都有可能保不住，落个弄巧成拙的悲惨结局。因此，非到万不得已，一般不提倡使用这个非常危险的谋略。

在非得运用此计的情况下，也要注意以下一些问题：

一、利用对方的情感骗取信任。正所谓"恻隐之心，人皆有之"。人是情感动物，因此敌人也会富有同情心。如果我们把自己伤害得异常痛苦、可怜，就会博得对方的同情，取得对方的信任，这实在是情理之中的事。

二、离间敌人，将其彻底击毁。这是苦肉计的第二个步骤，即打入敌人内部后暗中进行离间分化活动，以便达到出奇制胜的效果。这也是实施苦肉计的关键一环。

三、自我残害，加害于人。即偷偷地将自己伤害，然后嫁祸于他人，使别人蒙辱或受到重重惩罚，甚至置人于死地，以达到自己的目的。这是卑鄙阴谋的运用，一般只用于权位相争者之间。

【战例】

要离刺杀庆忌

运用"苦肉计"，就是要假装受迫害，以便打入敌人内部，再乘机进行间谍活动。如果这种假装受迫害的行为能让敌方以真情回报，那么"苦肉计"成功的概率就会更高。

春秋时，姬光杀君即位，利用专诸刺杀王僚，而后自立为吴王阖闾。吴王僚的儿子庆忌，逃奔在外，招贤纳士，联合邻国，等待时机，乘隙伐吴报仇。

阖闾素知庆忌健步如飞，快马莫及，勇猛非常，万人莫敌。今闻有此企图，深为忧虑，想派人去行刺，可一时又找不到恰当的人选。

一天，伍员（子胥）为他聘来了一位勇士，名叫要离。阖闾一见要离身高不足五尺，腰大貌丑，大失所望，很不高兴地问："你是伍大夫介绍的勇士要离吗？"

要离回道："臣细小无力，当风则伏，背风则倒，没有什么大勇。

但若大王有所差遣，臣必尽我所能！"

阖闾听了，更不高兴。伍员知其意，便说："好马不在高大，只要能负重远行就是良马。要离形貌虽丑，却非常机警能干，一定会胜利完成王命！"

阖闾见伍员力荐，便邀要离到后宫去谈，要离问："大王心中所患，要差遣小人的，是不是庆忌呢？想让我刺杀他？"

阖闾笑着说："庆忌是个了不起的人，他身材高大，走如奔马，矫健如神，万夫莫当，恐怕你制伏不了他。"

要离说："善杀人者，在智不在力。臣只要有机会能接近庆忌就可以把他杀了！"

阖闾问："庆忌是聪明人，怎肯轻易接近人呢？"

"我有办法要他接近我。"要离满怀信心地说，"他现在正在招收亡命之徒，图谋不轨，我正可诈是罪臣，投奔于他。大王请斩我的右手，杀我的家人，这样庆忌就难有不相信之理了。"

"你无罪，怎可下此毒手？"阖闾皱了皱眉头说。

要离慷慨激昂地说："臣闻与妻子乐，不尽事君之义的，是不忠。贪恋家室，忘君之忧者，不是义士所为。我能全忠全义，就是毁了全家，也是甘心的！"

伍员从旁怂恿，说："要离为国忘家，真是忠烈之士，若在成功之日，追讨他的功业，旌表他的妻子，让其名扬后代，便是一举两得的义举！"

阖闾想了良久，最后点头应允。

213

第二天，伍员携要离入朝，保荐要离为将军，率兵进攻楚国。阖闾闻奏，怒斥伍员："看要离身矮力微，杀鸡无胆，骑马无威，怎能做官带兵？真是胡说八道，岂有此理！"

要离跟着启奏："大王可谓忘恩到极点了，伍员为王安定江山，王却不替伍员报楚王之仇……"

阖闾拍案大怒说："这是国家大事，非一般人所知，你居然还当面责辱寡人？"立即下令把要离的右臂砍了，押他入狱，拘他妻子。伍员叹息而出，群臣莫名其妙。

过了几天，伍员暗叫狱官放松对要离的监视，使要离趁机逃出了监狱。于是，阖闾下令把要离的妻子斩首，弃市示众。

要离跑出吴境，一路上逢人诉冤，访得庆忌在卫国，便跑到卫国去求见。庆忌疑他诡诈，不肯收容。要离便把衣服脱下来，庆忌见他已被斩了右臂，方才相信。便问他："阖闾既然砍了你的手，把你变成残废，来见我究竟有什么意图？"

要离说："臣闻阖闾杀公子父亲，夺了王位。现在公子联结诸侯，想复仇雪恨，所以特跑来投靠。虽然不能冲锋陷阵，但做向导还可以，我对吴国的山川形势还是相当熟悉的。这样，公子报了仇，我亦雪了杀妻之恨，可心满意足了。"

庆忌犹未深信。刚巧有心腹人来报告，说要离的妻子已经被阖闾斩首示众了。

要离一听，大哭起来，咬牙切齿地遥指阖闾大骂。这样，庆忌方才深信不疑。

"阖闾目前有伍员和伯喜为谋士，练兵选将，国内大治。我

214

兵微力寡，又何以和他抗衡，泄胸中怒气？"庆忌问。

要离说："伯喜乃无谋之辈，没有头脑的饭桶，不足为虑；只有一个伍员还算个人，智勇俱备，但今已是与阖闾貌合神离了。"

"怎讲？"

"所以，公子知其一，不知其二。"要离说，"伍员之所以尽力帮助阖闾，目的在借兵伐楚，报其父兄之仇。但现在楚平王已死，仇家亦亡，阖闾安于王位，天天只顾酒色，不想替伍员复仇了。就以眼下的事来说，伍员保荐我伐楚，阖闾便当场指责他，还杀鸡儆猴地加罪于我，故伍员怨恨阖闾已为势所迫成了。老实说，我这次能越狱逃跑，亦是伍员买通狱官的，他曾嘱咐过我：'你此次先见公子，察看动静如何，若肯为我伍员报仇，愿为内应，以赎过去杀君之罪。'公子不乘此时发兵入吴，更待何时？以后怕是再无报仇的日子了。"说完大哭，猛在地上撞头。

"好，好！"庆忌把他劝止，"我听你的话，一定会在最短的时间内起义！"

庆忌把要离带回根据地艾城，作为心腹，委他负责去训练军士，修治兵船。

三个月过去了，庆忌在要离的怂恿之下，大举义旗，出兵两路，水陆并进，浩浩荡荡地杀往吴国去。

庆忌和要离同坐一艘船，驶到中流，后船忽然跟不上。要离对庆忌说："公子可在船上坐镇，船工看见就不敢不使力了。"

庆忌坐在船头上，要离只手持戟侍立。忽然山上起了一阵怪风，要离转身佯装离开，忽然一戟猛插在庆忌的心窝上，直穿后背，庆忌身材魁悟，两手倒提起要离在水中溺三次，再抱他放在膝上，苦笑着说："你可算是个勇士，连我都敢行刺！"庆忌左右都想把要离刺死，庆忌说："此乃能士也，放他走好了。"说罢，便因流血过多，倒地而死。

要离见任务已经完成，便也夺剑自杀了。

此例中，要离为使"庆忌"相信自己，不惜代价地牺牲自己的身体与亲人，用这幕"苦肉计"让庆忌对他完全放弃了提防，最后终于完成了刺杀庆忌的使命，可谓用心良苦！

相如夫妇巧获接济

在生活中，如果能抓住对方的弱点，迎合对方之好恶心理，顺着他的特点去行事，是不是就可以诱骗对方了呢？"苦肉计"考虑的就是这个问题。

司马相如是西汉时著名的文学家，同时也是一位风流才子。他与才女卓文君的爱情故事，成为千古流传的动人佳话。

司马相如原本是梁王刘武的门客。刘武死后，他便回到了家乡成都。有一次，他到临邛的财主卓王孙家做客时，偶遇了卓财主在家守寡的女儿卓文君。两人一见钟情。卓文君不顾父亲反对，乘着夜色与司马相如私奔到了成都。卓财主知道后气得暴跳如雷。

他俩到成都后，日子窘迫不堪，于是不得不回到临邛，硬着头皮向卓王孙请求接济。卓财主怒气未消，哪里肯给钱？

最后，司马夫妇经过商量，很快想出了一条"苦肉计"。

他俩把身边的车、马、琴、剑和首饰全都变卖后，用得来的钱在距卓府不远的地方租了一间房，开了一家小酒铺。酒铺刚开张，吸引来了不少人。司马相如忙里忙外，招呼着客人。

而酒铺之所以热闹，倒不是因为他们的酒菜物美价廉，而是人们都想亲眼目睹这两个远近闻名的落难夫妇如何闹笑话。然而，司马夫妇一点儿都不觉得难堪，相反，他们心里十分高兴，因为他们办酒铺的目的——给顽固不化的老爷子丢人现眼已经达到了。

很快，临邛城里的人便都纷纷开始议论这件事。大多数人表示对司马夫妇很同情，而责备卓财主刻薄无情。卓财主是一个爱脸面的人，没过几天，他便受不住这些风言风语，转而答应资助女儿和女婿了。

卓财主送给他们一百个奴仆，一百万贯钱。司马夫妇得到这些财物，谢过了卓财主，关闭了酒铺，便双双回到成都，成了那里知名的富户。

若干年后，汉武帝读了司马相如写的《子虚赋》，大为赞赏，于是立即召见了司马相如，并留他在宫中做官。

人人都知"文君当垆"这一段佳话，却少有人能看出其中蕴含的微妙。身为富贾一方的卓王孙，怎能忍受自己的女儿当垆卖酒呢？为了顾惜自己的颜面，他也只能在无奈之下同意自己的女儿与一"门客"结为夫妻。

这株开在封建时代的爱情之花显然得益于"苦肉计"的运用，只不过苦的并不是肉，而是犹如千金之躯的脸面。

第三十五计　连环计

【原典】

将多兵众，不可以敌，使其自累①，以杀其势②。在师中吉，承天宠也③。

【注释】

①自累：自相拖累，自相牵制。

②杀其势：杀，减弱、削弱、刹住。势，势力、势头、气势。句意为减弱、刹住敌军来势汹汹的势头。

③在师中吉，承天宠也：军中有英明的将帅，指挥就能够巧妙得当，让敌人难以预测，用兵作战犹如承天神相助一样。

【译文】

敌方兵力强大，不能硬打，应当运用谋略，让他们自相钳制，以削弱他们的实力。三军统帅如果用兵得法，就会像有天神保佑一样，克敌制胜。

【简析】

所谓连环计，顾名思义，就是一种多步骤或多环节的计谋。即计中有计，多计并用，计计相连，环环相扣。一计用来累敌，一计用来攻敌，那么，即使智谋再高、力量再强的敌人都能被制服。

战场形势复杂多变，在对敌作战时使用计谋，是每个优秀指挥员所追求和依赖的。而双方指挥员往往都是有经验的老手，只用一计，很容易就会被对方识破。相反，一计套一计，计计连环，不但能迷惑敌人，而且能收到很好的效果。

因此，连环计旨在用巧妙的方法拖累敌人，给敌人造成包袱，让其失去行动自由，不战自乱，进而达到减弱其力量，而我方或乘机进攻，或乘机撤退的效果。

连环计的运用，最重要的就是布局。只有布局周密完整，没有破绽漏洞，才能完美地施展。如果其中一环一计出现问题，就很有可能造成牵一环而动全局、缺一计而弃前功的不良后果。因此，只有那些思虑周到，组织能力强，能将主客观因素充分结合起来的运筹者，才不会因百密一疏而导致功亏一篑。

我们在使用此计谋时应把握如下要点：

一、将各环有机地联系起来。单一的计谋往往无法达到预期的目标，而运用连环计正好可以弥补这一缺憾。各计谋之间相辅相成，便可做到一条计策失败，另一条计策马上接着实施，不让行动被迫中止下来。

二、掌握各环的特点，将其揉为一个有机整体。任何奇谋妙计，都需要有相应的条件作为基础，计谋讲求连贯、配套，有系统性和系列性。如果胡乱搭配，最后也只能以失败告终，而收不到出奇制胜的效果。

三、巧使敌人"自累"，以耗其力。让敌人"自累"是此计谋的关键，即在敌人内部制造矛盾，并扩大或激化他们的矛盾，使其内部发生变乱，产生内耗，进而虚弱力量。让敌"自累"，有其固有的优势，不但方便省力而且对敌人的破坏性极强，效果极佳。

四、以利诱敌，予以重负。当我们不能在敌人内部制造矛盾使其"自累"时，就要根据敌人贪利的心理特点，主动为其准备某些利益，让他们为了捞取利益而干扰或破坏掉原来的行动计划。

【战例】

曹操平定叛乱

"连环计"之巧，在于巧施计谋，使敌人自相牵制；"连环计"之高，在于接连用计，计谋迭出，计中有计，环环相扣，往往让对手防不胜防。

公元211年，马超、韩遂举兵反叛曹操，杀奔关中重镇潼关。7月，曹操领兵前来平叛。

曹操屯兵在潼关附近后，便做出一副强攻的架势，暗地里却派大将徐晃、朱灵趁夜偷渡蒲阪津，在西河扎起了营寨。随后，曹操引兵渡河北上，占据了渭口，并多设疑兵，把兵力偷偷运过河，集结于渭地。

表面上，曹操命令士兵挖掘甬道，设置鹿砦，做出防守的样子。马超多次率兵挑战未能成功，再不敢轻易发动进攻，最后不得不请求割地讲和。曹操听从贾诩的规劝，假装同意了马超的求和条件。

此时，韩遂前来求见曹操。韩遂与曹操本是同年孝廉，又曾于京中一起供职。韩遂此行的目的就是游说曹操退兵，曹操却故意装傻，与他只言当年旧事，抚手欢笑。马超得知韩遂与曹操相谈甚欢后，不免对韩遂起了疑心。

几天后，曹操送给韩遂一封多处被涂改过的书信，这让马超的疑心更大了。而就在马超对韩遂处处防备之时，曹操突然对马超发动了大规模进攻。先是轻兵挑战，而后更以重兵前后夹击，最终使马超、韩遂大败。

战斗胜利后，有人向曹操询问作战策略。

曹操说："敌人把守潼关，我若进入河东之地，敌人必然会引军把守各个渡口，那样的话我们就无法渡过西河。因此，我先把重兵汇集在潼关，吸引敌人调全部兵力来守。这样，敌人在西河的守备就势必空虚，徐晃、朱灵才能够得以轻易渡河。我在率军北渡时，因徐晃、朱灵已占据了有利地形，敌人便不敢与我争西河。过河之后挖掘甬道，设置鹿砦，坚守不出，不过是假装示弱，以骄敌人之兵而已。待敌人求和时，我假意许之，让敌人不做防备。

而我军一旦发动进攻，敌人便会丢盔卸甲，无力抵抗了。用兵讲究变化，不能死守一道。"

从曹操的这段故事里我们可以看出，在平定马、韩之乱中，曹操先后用了"暗度陈仓"、"反间计"、"调虎离山"、"欲擒故纵"等计策。可见，曹操不愧是一位"连环计"的运筹高手。

诸葛亮妙计夺汉中

蜀兵挺进汉中，曹操亲率大军前来抵御，两军于汉水两岸隔河相对。诸葛亮查看地势，吩咐赵云道："你带兵五百人，携带战鼓号角，埋伏在上游的丘陵地带。只要听到我军营中炮响，便擂鼓助威，只是不许出战。"

赵云领命去了。第二天，曹兵前来挑战，见蜀兵坚守不出，只好悻悻回营。晚上，诸葛亮见敌军灯火熄灭，命人放响号炮。赵云听到后，也吩咐鼓角齐鸣。曹兵以为蜀兵来劫寨，急忙起床应战，但未发现一个蜀兵。刚刚睡下，蜀兵那边又擂起战鼓，曹兵还是未发现一个人影。一连三夜，夜夜如此，搞得曹兵筋疲力尽。曹操心里发怵，便退后三十里扎寨。

诸葛亮又请刘备渡汉水后在岸边扎营。次日，曹操领兵向刘备挑战。蜀将刘封出战，曹操命徐晃出战。刘封战不过徐晃，拨马便跑。蜀兵往水边逃走，军器马匹散落满地。曹兵追赶过来，争相拾取，不战自乱。

曹操见势不好，忙下令鸣金收兵。正在这时，只见诸葛亮号旗举起，刘备领兵杀回，黄忠、赵云从两翼杀来。曹操逃到南郑，见南郑已被张飞、魏延攻占，只好逃往阳平关。

诸葛亮抓住时机，急令张飞、魏延截断曹兵粮道，又叫黄忠、赵云去放火烧山。曹操在阳平关听说粮道被截、山野被烧，知道后勤方面已无保障，遂领兵出阳平关，希望以一战之功杀败蜀兵。

蜀兵出阵的仍是刘封，战了几个回合便败走，曹操追了一阵，怕中埋伏，退回阳平关。这时蜀兵又返身杀回，东门放火，西门呐喊，南门放火，北门擂鼓。

曹操心中大惧，急忙弃城突围，到斜谷界口驻扎。蜀兵杀了过来，曹操勉强出战，被魏延一箭射掉两颗门牙，仓皇率军逃奔许都，整个汉中丢给了刘备。

在这场战役中，诸葛亮几番用计都十分精妙。他先是布置疑兵，瞒天过海，夜间擂鼓疲惫敌人，迫使曹操退后三十里。继而，又过河背水结营，引诱曹操前来进攻，然后设伏兵杀敌。

曹操退守阳平关后，诸葛亮又釜底抽薪，放火烧山，截断粮道。此后又打草惊蛇，在阳平关四座城门放火呐喊，弄得敌人心惊肉跳，迫使曹操放弃阳平关和斜谷界口，整个汉中遂落入刘备之手。

第三十六计　走为上

【原典】

全师避敌①。左次无咎，未失常也②。

【注释】

①师：古代兵制，二千五百人为师。全：保全，保存军事实力。

②左次无咎，未失常也：古时兵家尚右，因此右为前，指代前进；左为后，指代退却。此句意为，根据实际情况，让部队后撤，这是没有过失可言的。以退为进，有时不失为常道。

【译文】

以退为进，待机破敌，这是不违背正常法则的。为了保全军事力量，避免自己的灭亡，退却就是一种明智的举动。虽然退居次位，但可免遭灾祸，也是一种常见的用兵之法。

【简析】

"走为上"的意思，并不是说此计在三十六计中是最高明的计谋，而是说当处于劣势时不要硬拼，及时撤退，寻找时机再战才是上策。

"走"和"逃"是不能相提并论的。"走"是在敌强我弱的形势下，保存实力，主动撤退。"逃"则是胆小怯懦，稍遇挫折便丧失斗志，望风而逃。

"走"之所以是良策，是因为在寡不敌众时，往往只有几种选择：或求和，或降服，或死搏，或撤退。

而这些方案中，求和必然要妥协；降服势必丧失节操；死搏注定牺牲；唯有撤退可以保全自己，保证日后可以卷土重来，这是最佳选择。因此古人说，"走为上"。

无论哪一种战斗，文也好，武也罢，谁都不会常有必胜的把握。

众人皆知，战争中要争取的并非一时的得失，而是最终的胜利。而最终的胜利往往属于能坚持到底的人。所以，"不走"并非英雄，"走"也并非懦夫。

而我们在运用此计时应注意以下问题：

一、千万别拿鸡蛋和石头碰。敌人实力强大而我方实力虚弱时，敌我双方的较量就如同石头碰鸡蛋。如果死拼，我们必然会弄得头破血流，而敌人则不会受太大的损失。不如一走了之，"留得青山在，不怕没柴烧"。不妨索性来个大撤退，留住实力，以备东山再起。

二、要知难而退，不可一味莽撞。这里的知难而退，不是主张消极应对，不是让我们一遇到困难就缩手缩脚，前怕狼后怕虎。而是一旦发现事情实在做不成，就不要硬着头皮去做，要见机而动，及早放弃，不白白浪费时间和精力。即"见可而进，知难而退"，"知其不可为"而不为。

三、要把握时机，急流勇退。在与敌人作战时，要善于观察战机，做到进退自如。要做到急流勇退并非易事，不但要求我们要果断行事，还要有勇气和魄力。更重要的是，我们要能够克服自身的弱点，割舍得掉既得的利益。而后选择适当的时机，从容"走"掉，让敌人捕捉不到我们的踪迹。

四、要分散敌人的力量，以退为进，各个击破。我们应清楚地认识到撤退并不是最终的目的，退却着实是在为下一轮的进攻做准备。在我方没有能力与敌人对抗的情况下，以"走"避之，保存实力。而另一种情况，通过伪装的退却，诱敌深入我们事先设计好的包围圈，然后各个击破，最终以少胜多。因此，这种退却是制造一种惧怕敌人的假象，迷惑敌人，进而将其麻痹。

【战例】

姜维巧"走"避祸

三十六计将"走为上"列为败战计，就是要告诉人们：这是在自己处于绝对劣势之时，为谋求胜利所要设用的谋略。"退"是为了"进"，这个"走"是暂时的。

当姜维在祁山一带同魏将邓艾殊死搏斗时，后主刘禅正在成都，听信宦官黄皓的话，贪恋酒色，不理朝政。朝中大臣看到后主荒淫，都不免对国家前途忧心忡忡。一时间，贤人纷纷离去，小人却乘虚而入。

当时，有位名叫阎宇的右将军，什么功都没立过，只因善于巴结宦官黄皓，居然爬到了很高的位置。他听到姜维在祁山战斗不利的消息后，便求黄皓对后主刘禅说："姜维一次次出兵都毫无建树，不如让阎宇代替他。"

后主自然听从，于是便派出使臣，携了诏书，召回了姜维。姜维此时正在祁山进攻魏军的营垒，忽然一天连来三道诏书，命他班师。无奈之下，他只好从命。

回到汉中之后，姜维同使臣一起到成都面见后主。后主一连十天都不上朝，姜维心中大惑。这天，他来到东华门，正好遇见了郄正。姜维问他："天子要我班师，你知道是什么原因吗？"

郄正笑着回答："大将军难道不知道吗？这是黄皓为了让阎宇立功，请求朝廷发出诏书召回的将军。后来又听说，邓艾善于用兵，估计阎宇不是他的对手，这事才算搁下不提了。"

姜维一听此言，不由大怒："我一定要杀掉这个奴才才行！"

郄正制止他说："大将军要继承诸葛武侯的事业，责任大，职权重，不能在此时感情用事。如果闹得天子都容不下你，那就不妙了。"姜维听后感激地说："先生的话很有道理。"

第二天，后主和黄皓在皇宫后花园设宴饮酒，姜维领着几个人便直接进来了。因为早已经有人为黄皓通风报信，黄皓此时正慌张地躲在花园的一角。姜维来到亭下，叩拜过后主，流着泪说："臣已将邓艾围困在祁山，陛下却接连降下三道诏书，召我回朝，不知陛下作何打算？"后主不语。

姜维此时又说："黄皓奸邪狡猾，专擅朝政，和东汉末年那些祸乱国家的宦官没什么区别。只有早点除掉此人，朝廷才能得以安宁，中原也才可以恢复。"

后主笑着说："黄皓不过是一个供使唤用的小臣，就算他专权，也不可能有什么作为。你又何苦把他放在心上？"

姜维叩头说："陛下听我一句话，您若今日不除黄皓，灾祸很快便会降临了！"

后主有些不高兴："你怎么连一个宦官也容不下？"说着，便命人到花园一侧找来黄皓，让他向姜维叩头请罪。

黄皓一边哭鼻子抹眼泪，一边说："我只不过是伺候皇上罢了，并不曾干预国政。将军千万不要听信外人的传言而杀我。我这条小命掌握在将军的手里，还请将军可怜一下我。"说完，便又是叩头，又是哭号。

姜维无奈，愤愤而出。见到郤正，他便把这些情况详详细细地告诉了他。郤正说："依我看，将军将有大祸临头了。将军若有个三长两短，国家也就危险了。"

姜维说："请先生教我保国安身的办法。"

郤正说："陇西有一个名叫沓中的地方，那里土地十分肥沃。

将军何不效仿诸葛武侯屯田，告知天子您将前往沓中屯田？这样，一可以收获粮食提供给军中；二可以借机夺取陇右大片土地城池；三可以让魏国军队不敢对我汉中轻举妄动。而将军您呢，因为在外，谁也不敢算计您，因此可以避祸。这就是保国安身的办法，将军应该早早去实行。"姜维大喜，道谢说："先生的话真是金玉良言。"

第二天，姜维便上表后主，要求前去沓中屯田。后主欣然应允。姜维回到汉中，他这一"走"，最终帮他逃过了一场灾祸。

晋文公几退子玉

走为上，指敌我力量悬殊的不利形势下，采取有计划的主动撤退，避开强敌，寻找战机，以退为进。这在谋略中也应是上策。

这句话，出自《南齐书·王敬则传》："檀公三十六策，走为上计。"其实，我国战争史上，早就有"走为上"计运用得十分精彩的例子。

春秋初期，楚国日益强盛，楚将子玉率师攻晋。楚国还胁迫陈、蔡、郑、许四个小国出兵，配合楚军作战。此时晋文公刚攻下依附楚国的曹国，明知晋楚之战迟早不可避免。

子玉率部浩浩荡荡向曹国进发，晋文公闻讯，分析了形势。他对这次战争的胜败没有把握，楚强晋弱，其势汹汹，他决定暂时后退，避其锋芒。

于是晋文公对外假意说道："当年我被迫逃亡，楚国先君对我以礼相待。我曾与他有约定，将来如我返回晋国，愿意两国修好。如果迫不得已，两国交兵，我定先退避三舍。现在，子玉伐我，我当实行诺言，先退三舍。（古时一舍为三十里。）"

他撤退九十里，已到晋国边界城濮，仗着临黄河，靠太行山，足以御敌。他已事先派人往秦国和齐国求助。

子玉率部追到城濮，晋文公早已严阵以待。

晋文公已探知楚国左、中、右三军，以右军最薄弱，右军前头为陈、蔡士兵，他们本是被胁迫而来，并无斗志。子玉命令左右军先进，中军继之。楚右军直扑晋军，晋军忽然又撤退，陈、蔡军的将官以为晋军惧怕，又要逃跑，就紧追不舍。

忽然晋军中杀出一支军队，驾车的马都蒙上老虎皮。陈、蔡军的战马以为是真虎，吓得乱蹦乱跳，转头就跑，骑兵哪里控制得住，楚右军大败。

晋文公派士兵假扮陈、蔡军士，向子玉报捷："右师已胜，元帅赶快进兵。"子玉登车一望，晋军后方烟尘蔽天，他大笑道："晋军不堪一击。"其实，这是晋军诱敌之计，他们在马后绑上树枝，来往奔跑，故意弄得烟尘蔽日，制造假象。子玉急命左军并力前进。晋军故意打着帅旗，往后撤退。楚左军又陷于晋国伏击圈，被歼灭。

等子玉率中军赶到，晋军三军合力，已把子玉团团围住。子玉这才发现，右军、左军都已被歼，自己已陷重围，急令突围。虽然他在猛将成大心的护卫下，逃得性命，但部队丧亡惨重，只得悻悻回国。

这个故事中晋文公的几次撤退，都不是消极逃跑，而是主动退却，寻找或制造战机。所以，"走"，是上策。